中华优秀传统文化与传承研究

项 健 著

吉林出版集团股份有限公司
全国百佳图书出版单位

版权所有　侵权必究
图书在版编目（CIP）数据

中华优秀传统文化与传承研究 / 项健著 . -- 长春：吉林出版集团股份有限公司，2022.7
ISBN 978-7-5731-1854-7

Ⅰ.①中… Ⅱ.①项… Ⅲ.①中华文化—文化发展—研究 Ⅳ.① K203

中国版本图书馆 CIP 数据核字 (2022) 第 137370 号

中华优秀传统文化与传承研究
ZHONGHUA YOUXIU CHUANTONG WENHUA YU CHUANCHENG YANJIU

著　　者：项　健	责任编辑：刘晓敏
出版策划：齐　郁	排版设计：李　伟

出　　版：吉林出版集团股份有限公司
　　　　　（长春市福祉大路 5788 号，邮政编码：130118）
发　　行：吉林出版集团译文图书经营有限公司
　　　　　（http:// shop34896900.taobao.com）
电　　话：总编办 0431-81629909　　营销部：0431-81629880/81629881
印　　刷：天津和萱印刷有限公司
开　　本：787mm×1092mm　　1/16
印　　张：11.5
字　　数：205 千字
版　　次：2022 年 7 月第 1 版
印　　次：2022 年 7 月第 1 次印刷
书　　号：ISBN 978-7-5731-1854-7
定　　价：78.00 元

印装错误请与承印厂联系

前 言

作为四大文明古国中唯一一个历史没有中断的国家，我国历史自商周时期至今经历了五千年，在这五千年的时间内，中华民族通过对自身文化的发扬和外来文化的吸收，不断发展至今，形成独具特色的中国传统文化。

中华优秀传统文化是中华传统文化的重要组成部分，是中华民族的根与魂。当前世界，许多国家不断提高对文化软实力的关注，并将其放在了综合国力中的重要地位。中华优秀传统文化在树立中国人的文化自信心的过程中处于基础地位。延绵几千年的中华优秀传统文化，蕴含了中华民族较长时间的发展过程中精神活动、理性思维等，包含丰富而厚重的集体记忆，建立了科学的思想资源和独特的价值模型。本书将围绕当代优秀传统文化与传承发展研究展开论述。

本书共分为七个章节，第一章主要讲述了文化、传统文化、优秀传统文化的释义及优秀传统文化与社会主义先进文化建设等内容，从定义方面进行阐释；第二章从传统文化产生与发展的根基和传统文化的发展历程分析来介绍我国传统文化的发展历程；第三章通过对优秀传统文化的内容分析和优秀传统文化的特征分析来介绍优秀传统文化的基本内容；第四章重点阐述了优秀传统文化的当代价值，包括优秀传统文化的精神特质和优秀传统文化的价值阐述两方面的内容；第五章为从优秀传统文化传承发展的重要意义、优秀传统文化传承发展面临的问题和优秀传统文化传承发展的基本原则来阐释优秀传统文化传承发展的现状；第六章主要讲述了优秀传统文化传承发展面临的机遇和优秀传统文化传承发展面临的挑战；第七章主要内容为当代优秀传统文化传承发展的路径，具体讲解了中国传统文化与西方文化的碰撞和中华优秀传统文化传承发展的路径。

在撰写本书的过程中，作者得到了许多专家学者的帮助和指导，参考了大量的学术文献，在此表示真诚的感谢！本书内容系统全面，论述条理清晰、深入浅出。

限于作者水平有不足,加之时间仓促,本书难免存在一些疏漏,在此,恳请同行专家和读者朋友批评指正!

作者
2021 年 9 月

目录

第一章　绪论 ·· 1
　　第一节　文化释义 ·· 1
　　第二节　传统文化释义 ·· 4
　　第三节　优秀传统文化释义 ·· 10
　　第四节　优秀传统文化与社会主义先进文化建设 ····························· 20

第二章　传统文化的发展历程 ·· 27
　　第一节　传统文化产生与发展的根基 ·· 27
　　第二节　传统文化的发展历程分析 ··· 35

第三章　优秀传统文化的基本内容 ··· 47
　　第一节　优秀传统文化的内容分析 ··· 47
　　第二节　优秀传统文化的特征分析 ··· 60

第四章　优秀传统文化的当代价值 ··· 65
　　第一节　优秀传统文化的精神特质 ··· 65
　　第二节　优秀传统文化的价值阐述 ··· 71

第五章　优秀传统文化传承发展的现状 ·· 87
　　第一节　优秀传统文化传承发展的重要意义 ·································· 87
　　第二节　优秀传统文化传承发展面临的问题 ·································· 94
　　第三节　优秀传统文化传承发展的基本原则 ·································· 103

第六章 优秀传统文化传承发展的机遇与挑战 109
第一节 优秀传统文化传承发展面临的机遇 109
第二节 优秀传统文化传承发展面临的挑战 118

第七章 当代优秀传统文化传承发展的路径 133
第一节 中国传统文化与西方文化的碰撞 133
第二节 中华优秀传统文化传承发展的路径 142

参考文献 173

第一章 绪论

中华优秀传统文化是我国古代人民积累的无价财富,本章分别从文化释义、传统文化释义、优秀传统文化释义和优秀传统文化与社会主义先进文化建设等方面来介绍中华优秀传统文化。

第一节 文化释义

在我国汉语用语中,"文化"并不是舶来词,它最早出现在《易经》中,"观乎人文,以化成天下",即统治者除了要观天文懂地理外,还要注重对人文教化,使天下遵从礼仪而统一。随着时间的推移,"文化"的内涵与外延也在不断地变得丰富而精彩。

在当代,"文化"不失为一个热点话题,任何一种社会思潮、一个学术流派或是一种理论体系都会或多或少地论及与文化相关的问题。而对于究竟怎样来定义"文化",又是学界历来的关注重点,所得出的相关概念与阐释可以说不胜枚举。根据《大英百科全书》曾经的统计,全世界现存的正式出版物中对于文化概念的界定高达168种,涉及哲学、文学、文化学、人类学、社会学等多个领域。这不仅说明文化本身具有普遍性、广泛性和包容性,同时也说明各界学者对于文化的认识相对局限而片面。列宁曾言,"只有确切地了解人类全部发展过程所创造的文化,只有对这种文化加以改造,才能建设无产阶级的文化",因此按照写作惯例,我们首先要对本书所使用的"文化"概念进行相应的界定。

在中国古代,"文化"二字最早是可以分开使用的。"文"本来的意思是事物之间相互交织产生的纹路、斑纹,"物相杂,故曰文"说的就是这个意思。后来,"文"的意思又引申为礼乐制度、修养、美德等多重含义。"化"本义指变化、改变,后有感化、效化、潜移默化的意思。"文"和"化"二字最早是在《周易》里的贲卦走在一起。《易传·象·贲》中讲:"刚柔交错,天文也。文明以止,人文也。观乎天文,以察时变。观乎人文,以化成天下。"这里"人文化成"指的就是研究礼仪规范并用其教化天下的意思。"文化"二字最早合并起来使用是在"文化不改，然后加诛"这句话中。在这里指用社会规范教育人、塑造人。因此，在古汉语中"文化"是指以社会规范来教育人们，使人们在价值选择、行为上发生改变，从而遵守社会秩序。

在西方，拉丁语"cultura"是西方文化一词的来源，本义是耕作、居住以及动植物培养。到了16世纪，英语中的"culture"引申为性情陶冶、品德教养之义。通过对比我们可以发现，中西方关于"文化"一词的解释都有培养、教育之义，但其词语的产生背景和强调的侧重点都有所不同，使得中西方对文化做出了不同的解释。

到了18世纪末19世纪初，文化才逐渐发展出现代性含义，开始囊括社会风范和宗教艺术等范畴。而后，随着文学、政治学、艺术学、社会学等细分的学科和领域出现，关于文化含义的探讨变得更加广泛而频繁。随着人类社会的进步，中西方学者对文化概念的理解越来越深刻，在趋于整体性、系统性和全面性概括的基础上，又因各自专业领域和所处时代的不同而各有侧重。在中国，著名思想家梁漱溟对文化有着独到的见解，他认为"文化并非别的，乃是人类生活的样法"，并将其与文明——"生活中呆实的制作品"进行了区分。同样认为文化是人的活动及其活动方式的还有主张"全盘西化"的胡适先生。

梁启超在《什么是文化》一文中运用佛教用语来阐述文化的含义，他认为文化是包含了物质和精神两大层面的"共业"，是一种广义的文化概念界定。此后，理论家瞿秋白从唯物史观的角度出发，将文化描述为"所作"。在他看来，生产力和与之相适应的经济关系，因这种经济关系而存在的社会政治组织，经济关系和社会政治组织背后的社会心理，以此社会心理为基础生成的各种思想系统，都是"所作"的一部分，是人类社会的客观存在。我国著名哲学家贺麟从相对狭义的范畴来阐述文化，认为文化可称之为"人文化"或"理性化"，并以"真""善""美"来指代文化的真理化、道德化和艺术化概念。在现代哲学家张岱年的著作《文化与哲学》当中，他主张次广义的文化概念，认为哲学、宗教、文学、艺术、科学及技术以及社会心理和民间风俗等都是"文化"。其中，张岱年着重强调了哲学在整个文化系统中的核心作用。学界"一代宗师"钱穆先生见解独到，认为文化是"集体的、大群的人类生活"，并按照"物质的""集体的""精神的"三个层面对文化进行了划分，即著名的"文化三阶层"。当代著名学者司马云杰则是站在社会学的角度上来界定"文化"，认为任何人类所创造的精神文化形态与物质文化形态都包含其中，因而是一个整体性的、较为宽泛的广义文化概念。

在西方国家，"文化"真正获得现代性意义，生发于人类学和社会学兴起之时。众多学者关于"文化"概念的理解大多是围绕着"一个复杂的整体"来加以展开。美国学者C·恩伯和M·恩伯认为"文化"是非常复杂的，包含着生活的各个方面。他们认为文化是人类后天获得的，是一个社会或一个民族所特有的行为、观念和态度的集合，对于人的一生有着巨大而深远的影响。与此同时，他们还探讨了文化的整合性特点，强调文化的构成要素并非随机拼凑，通常是以相互适应或和谐一致的状态存在着。

以美国人类学家博厄斯为代表人物的历史特殊论学派，主张站在不同的文化环境、历史进程之中来对"文化圈"或"文化区"进行研究，反对"文化世界史"，侧重于强调不同民族间的文化具有差异性和多样性。功能学派创始人马林诺夫斯基则更侧重于强调文化的功能，认为人是为了生活且生活得更好才创造了文化。在他看来，文化是使生活得以运行的手段，是由物质、精神和社会联系在一起的，包容并调节着一切社会科学。同样将文化理解为"生活样法"的还有美国文化人类学家鲁思·本尼迪克特，她在文化模式方面的研究颇具权威性，认为文化就像一个人，具有较为一致的行为模式。作为"文化归因主义"的代表人物，历史哲学家汤因比不仅将文化区分为20余个不同形态，而且还从历史学的视角出发来对文化进行阐释，认为人类社会和历史的发展都应当归因于文化的兴盛与消亡。

而在意大利共产党创始人之一葛兰西看来，文化对于一个政党夺取政权至关重要，而且在政权建立后文化更是在精神领域实现国家统治的柔和手段，也就是所谓的"文化领导权"或"意识形态领导权"，其产生的效用甚至比政治领导更为关键，这一观点为后世学者探寻文化在国家治理现代化当中的作用奠定了理论基础。德国著名哲学人类学家兰德曼从人与文化的关系出发来探讨文化的概念，他将文化视作人类的"第二天性"，认为文化之所以具有多种形式，因为对"文化"这一概念的定义是由人类自身来决定的，所以人在创造文化的同时也创造了自己。

此后，文化哲学创始人卡西尔旨在从价值领域思考文化问题，在探讨人与人类文化本质的基础上提出人是"符号化的动物"。他认为，文化是人的本质规定性，人能够利用符号来创造文化。人类的一切文化成就，都是人类通过符号化活动所取得的成果。这种符号化活动遍布人类生活的各个方面，所有的文化现象的出现都是人类社会发展经验的符号化表示，可以被视作人不断实现自我解放的过程。到了当代，关于文化及其作用的探讨在国际社会变得更加频繁而激烈。

美国批判社会学和文化保守主义代表人物丹尼尔·贝尔曾预言"文化危机"即将到来，这种危机来自以"个人自由"为中心、鼓励享乐主义生活方式的价值标准和资本主义制度自身的矛盾，而且这种矛盾甚至发展成为资本主义社会的持续性危机。到了20世纪90年代，美国著名政治学者约瑟夫·奈在他的多篇著作中提及"软实力"这一概念，并且强调这种力量正在变得越发重要，文化软实力作为重要分支，以文化的吸引力、同化力和影响力来发挥作用。

在综合梳理和分析中西方众多学者的观点后，我们一般认为"文化"的概念有着广义和狭义之分。就广义层面而言，所谓文化就是人化，指的是人在改造对象世界（既包括外在的自然世界，也包括内在的精神世界）的过程中所创造的物质文明和精神文明的总和。这种理解揭示了文化与人之间的本质性关联，文化不是自然的给定物，而是人的实践活动对象化的产物。比如在梁漱溟看来，所谓文化不过是"那一民族生活的样法罢了"而"生活就是没尽的意欲（will）"，也就是说只要是和"人的生活"相关联的所有的"意欲"都是文化的范畴。

可以看出，梁漱溟对于"文化"的理解不仅涵盖人类历史上的一切内容，而且从本体论的意义上关涉人的生存方式或者是生存模式。这种广义的理解助长了文化术语的内在膨胀倾向，难以揭示文化的深层结构。正如塞缪尔·亨廷顿所言："文化若是无所不包，就什么也说明不了。"因此，广义的文化理解容易陷入内涵和外延过于宽泛，从而导致的概念使用大而无当。

就狭义层面而言，文化特指区别于政治、经济、社会等其他领域的精神观念领域，同时也是人类社会生活的重要组成部分。基于马克思主义的理论视域，文化的本质与人的实践活动密切相关，作为人类社会生活及其方式的观念表达和精神体现的精神文化不过是实践的基本矛盾在文化层面的体现。因此，精神文化本质上表征着作为一种对象化存在物的人的生活方式所蕴含的精神维度。毛泽东对文化的经典定义就是在这个层面上来说的："一定的文化（当作观念形态的文化）是一定社会的政治和经济的反映，又给予伟大影响和作用于一定社会的政治和经济；而经济是基础，政治则是经济的集中的表现。"

第二节 传统文化释义

习近平总书记指出："怎样对待本国历史？怎样对待本国传统文化？这是任何国家在实现现代化过程中都必须解决好的问题。"中华传统文化的生成是一个具有悠久历史的发展过程，它记叙着中华民族的历史，塑造着中华民族的性格和精神，体现着中华民族的世界观、历史观和人生观，凝聚着中国人民的共同理想，是中华民族五千年文明历史发展的强大精神动力。传统文化对于保存中华民族特性，对于中华民族生生不息，社会稳定团结，文明延续和发展起着不可或缺的作用。

一、传统文化概述

文化是作为表征人的本质力量的概念。社会的进步和人的发展都要通过文化观念来更新引导，通过文化创造来实现。文化的本质是人的意识能动性问题、主体创造性问题。而在现实层面，没有抽象的文化存在，文化表现为与每一个民族的传统相联系的具体文化形式。

中华传统文化形成于中华民族五千年的文明发展史，是中华民族灵魂之所在，是中华民族的精神家园，是传统文化的持续的"传"与"统"。只有中华民族优秀文化道德持久的滋养与涵养，才能培养出有高度文化素质和道德素质的有教养的中国人，使中国人民始终保持着中华民族的本性，使中国人具有鲜明的中国身份和极强归属感的中国心。

在对传统文化的研究中，有一种倾向，即学者几乎是在等同的意义上使用"中华传统文化""中国传统文化"或者直接简称为"传统文化"，称谓有别，但所指相同；也有学者注重区分"中国传统文化"和"文化传统"的不同。本书把"中华传统文化""中国传统文化""传统文化"视为同一概念。

传统是文化概念固有的历史性内涵，有历代相承之义。按照历史唯物主义的观点，人不同于动物靠生物遗传实现继承，人是历史性的创造物，是文化的存在物，人的行为靠文化来支配。人以历史创造为基础不断建立包罗万象的文化，又通过保存和使用这些文化传承着祖先的历史创造，这种绵延赓续的过程就是传统。传统是一个内含稳定性和变革性的文化时间过程，传统让文化成为活的有机体，让文化在历史中得以延续和发展。

就空间维度而言，"中华传统文化"不仅包括历史时期中国境内的文化，而且包括部分曾经的藩属国的文化，比如朝鲜、越南、琉球等。从唐宋之际，儒家文化就已经传播到了海外。在"中国"内部，中华传统文化既包括汉族文化也包括其他中华民族组成部分的民族的文化。中华文明是多元互补的文明，以汉族为主体，自周、秦到明、清，在各个历史时期随着民族间的交往融合，吸取了少数民族的文明因素，由56个民族共同创造出中华民族的文明。总之，中国文化有它自己的一整套象征体系、符号体系，而这个体系是超越单一民族、单一宗教和单一文化的，因此不能被任何单一的学说、学派、文化、宗教甚至单一的族群垄断对中华文化的解释。如果忽略了其他文明体系的文化智慧的吸纳和借鉴，就无助于缔造中华文化兼容并包的大视野、大格局和大气象。当前有一种未加深刻反思的前提性认知，即有人把中国文化"窄化"为汉族文化，然后又"窄化"为汉族里面的儒家文化，然后再"窄化"为他认为是正统、经典的儒家文化，这样就使得我们难以把握"中华传统文化"的真正内涵。

就时间维度而言，文化在历史中形成，而历史一直在对文化进行"损""益"。所谓"损"，即在历史发展的进程中，某一文化系统的部分内容或者被历史性遗忘，或者被时代性革新；所谓"益"，即在文化交流碰撞的互动过程中，对外来的文化资源进行本土化解读、语境化诠释和创造性转化，从而将其纳入本土文化系统之中。因此，"中国文化"或者"中华文化"从来不是封闭的，而是既包括存在于过去的传统文化，又包括存在于当下的当代文化。就当代中国而言，传统文化不仅仅是指清代以前或者"辛亥革命"之前流传下来的古代文化传统，而且也包括近代以来流传下来的近代文化传统。传统是不断发展的，对于当代中国来说，比以儒学为代表的古代传统更重要的是近代以来的新传统。这些新传统包括对中国历史产生过甚至继续产生着巨大影响的各种社会思潮，比如民族主义、三民主义、马克思主义、自由主义、科学主义等。这些思潮在当代中国文化谱系中已无可争议地成为显学，在各自的社会群体中具有不可小觑的内在权威。

不能简单地把中华传统文化等同于中国古代文化。就"中国古代文化"而言，其规范性意义在于"古代"一词的内涵，即通过断代史来区分中国文化的范畴。如何界定这里的"古代"就成为问题的关键。在中国文化书院主编的《马克思主义文化学》一书中指出"中国古代文化即周秦至清的文化讨论"，并明确界定"中国古代文化是建立在封建的生产方式和政治制度基础上的"。可见，这里的"中国古代文化"实际上指的是"中华传统文化"的意思。然而在断代史的意义上，笼统地以中国古代文化代指中国近代以前流传下来的所有的文化并不精确。因为"古代"是一个范围很广的范畴，在史学界有远古（五帝时期）、上古（夏商至春秋战国）、中古（秦汉至清）等划分，而且远古时代和上古时代的部分时间段中国社会尚未产生封建的生产方式和政治制度。因此，把中华传统文化是否等同于中国古代文化是有待商榷的。

不能把中华传统文化等同于中国封建文化。就概念而言，中国封建文化特指基于封建的生产方式和政治制度之上的思想上层建筑。马克思曾说过："在阶级社会中，统治者的思想便是那个社会占统治地位的思想。"如果就中国封建社会而言,"统治者的思想"就是封建文化,问题的关键在于"统治者的思想"或者是"占统治地位的思想"并不能代表当时社会文化的全部,也就是说必须区分"存在于封建时代的文化"与"封建性文化"。建基于封建社会的传统文化,虽然不可避免带有那个时代的色彩和印记,但是有些是超越时代而存在的。我们能够加以转化和创造的正是这种虽然带有时代烙印,但是本质上仍然具有时代精神的文化。对于即使是属于封建文化范畴的文化,也必须进行具体分析,辨别其中值得汲取的有益成分和必须加以抛弃的糟粕成分。

在文化构成结构层面,我们不能笼统地理解"中华传统文化",它不仅包括作为主干的儒家文化,也包括道家、佛家、墨家等各个学说的文化。事实上,在中国历史的不同时代,儒家文化也处于不同的地位。比如,春秋战国"百家争鸣"的时代,儒家只是百家之一家;到了汉代虽有董仲舒独尊儒术,但是其与道家的黄老之学以及其他各家之间也在不断进行相互参照。其后的相当长一段时间中,儒家学说的影响一度没有佛教文化影响大。因此,在杜维明看来,儒家传统只是"文化中国"这个庞大体系中的一种资源。也就是说,文化中国的资源非常丰富,儒家只是其中的一家。在趋向多元的现代社会,"传统文化"的内涵是多元的,传统与传统之间客观存在着一定的结构性张力。

传统是人类社会的遗传机制,是人类社会前进发展的基础,没有传统就没有思想资源,每一代人都需要从头开始,社会发展也将陷入停滞。通过传统,人类社会得以自我继承、自我总结、自我扬弃和自我完善,人类社会经验得以传递和积累,人类社会的历史连续性得以维系。传统文化是一个历史概念,在历史中不断变迁,内容也在不断变化。

一方面,传统文化作为既有环境,对社会和人具有不以人的意志为转移的塑造作用,由于传统的存在,社会和人的发展都具有了一定的基础和经验支撑,从而形成社会发展和人的发展的连续性和继承性。这些经验包括生活方式、生产方式、语言、行为习惯和文化价值观,包括世代流传的具有稳定性的民族精神等。

另一方面,人也改变环境。在历史发展的不同阶段,社会发展和人的发展都要面对不同的矛盾,创造和改变成为人类生活不断提升的重要途径,这种改变的实现首先是以思想观念的文化改变引导的。已有的文化传统,是否能够被保留下来都要接受新生产方式、新生活方式的甄别、淘汰和转化发展。

在文化时间的流动中,中国传统文化犹如中华民族的精神脉络,随着生活的更替、经验的积累和认识的变迁,传统中的部分旧因素会因为过时而被淘汰,部分新因素会因被大众认可接受而逐渐沉淀整合为传统的新要素。但是,传统文化是在历史进程中积累下来并流传下去的一以贯之的历史产物，是在流传中不断变化发展着的历史积淀，其积淀下的中国特色、中国风格、中国气派成为稳定的"民族性"或"中国性"，构成中华民族独有的世界观，基本的生活方式和文化气质。

就时间来说，传统文化形成于过去并流传到今天，传统文化既是历史的，也是当代的。可以说，传统文化是日常生活的"活"的有机体，它有着占主导地位的基本精神和特定的内核，承载着一个民族的价值追求，凝聚着民族的自我认同，是民族历史遗产在现实生活中的生动展现。

二、传统文化的精神内核

中国以儒家为主导的传统文化是一个庞大的文化历史体系，具有"自强不息"的精神，这个精神延续了几千年的时间。但从共时态的角度讲，贯通这一中国传统文化始终的精神内核包括以下四个方面。

一是责任先于自由。中国文化的价值观很强调个人对他人、对社群，甚至对自然所负有的责任，体现出强烈的责任意识。

二是义务先于权利。与西方文化不同的是，西方文化重个人权利，而中国文化重义务的观念居于根本地位。

三是群体高于个人。中国文化中的人本主义强调的是以群体为本，强调在价值上群体高于个人。

四是和谐高于冲突。中国文化强调以和为贵，强调追求多样性的和谐。而中国革命传统在继承上述四个方面精神内核的基础上，又创新出"敢于斗争、敢于坚持"的革命精神。这共同构成中华民族高度认同的思维方式、价值取向、道德规范和精神气质，成为中华民族生生不息的强大精神动力。

三、传统文化的不足

中国传统文化博大精深，我们对待传统文化的态度和立场是古为今用，推陈出新。同时，中华传统文化与其他文化一样，也不是尽善尽美，它也存在着一些不足。

（一）对人文知识与自然知识的重视程度严重失衡

对大多古代中国知识分子而言：自然知识和自然规律往往不是人们做学问和研究的主要对象和最终目的，"内圣外王"和成名成家常常成为人们学思践悟的理想目标和生命境界，而对人文的过度关注又集中在社会道德人伦关系而非个人的生命本性上。如宋代理学巨擘朱熹在《朱文公文集·卷三十九》中教导弟子说："如今为此学而不穷天理、明人伦、讲圣言、通世故，乃存心于一草一木、器用之间，此是何学问？"明显把器用之学排除在学问之外；另外《朱子语类·卷第十二》中著名的命题如"存天理，灭人欲"也产生了极为消极的影响，不利于人与人之间在自然生命平等自由的基础上建立理性、理想的伦理关系。黑格尔在研究了中国古代学术之后指出：中国"国家的特性便是客观的家庭孝敬。"这一判断，虽失之偏颇，但也可谓一语道破。这种建筑在道德结合基础之上的、过于强调以群体为本位的伦理文化，不可避免地造成了对个人自由和独立性、创造性的持续压抑，加上对自然与技术工艺的漠视和蔑视，在近现代社会发展中显示出相当的消极影响。

（二）重感性经验而不重理性逻辑

重感性经验而不重理性逻辑导致了文学艺术相对发达而理论和科学相对发展不足。人们生产生活于其中的万事万物，在中国传统文化中往往不是作为其"自身"被对待，而往往是被借用来"托物言志"、抒发作者道德情怀的手段。对比下法布尔的《昆虫记》写"蝉"，从地穴、卵到孵化再到振翅高飞，完全是文字优美的科普文；而中国人写蝉，如唐代虞世南，则是："垂緌饮清露，流响出疏桐。居高声自远，非是藉秋风。"再如写螳螂，法布尔也是用类似的笔法；但在中国传统文化中，螳螂常常是"不自量力"的代名词，《庄子·人间世》中说："汝不知夫螳螂乎？怒其臂以当车辙，不知其不胜任也，是其才之美者也。"成语螳臂当车，正是从"不胜任"的原意转化而来。重感性经验而不重理性逻辑，从对自然改造的方法上看，中国古代的百工技艺往往靠口耳相传和实践经验的积累；而西方文艺复兴以来，形成了做实验、求实证并加以记载的近代科学范式，两者迥然不同。"中国传统文化本质上是经验主义文化"，这一判断可以说切中要害。这种特点，也是近代科学技术没能从有着悠久文明的中国发端的原因之一。

此外，中华传统文化中还存在诸如"君权神授""三纲五常""三从四德"等愚民文化和压迫人性、压迫女性的文化糟粕，需要毫不留情的摒弃。

传统文化因其历史性决定了其对于中国特色社会主义现代化建设的双重作用。那何谓优秀传统文化？这个问题的答案关乎文化的判断标准，涉及评价主体的时代站位。"作为评价主体的人既是时代的，又是民族的，是时代主体和民族主体的统一。主体的时代性决定了评价中国传统文化的现代化立场；主体的民族性决定了评价中国传统文化的民族性立场。这二者既不可或缺，又不可分割。"也就是说，中国传统文化的"双创"目标是内蕴中华民族性的中国文化转型，而不是要成为什么其他文化，中华民族文化内在的自我否定性也必然涵括现代化的意蕴。所以，立足于中国特色社会主义新时代，能够成为优秀传统文化的标准应该是符合新时代需要、能推动时代发展、有利于中华民族进步和中国人的自由全面发展。我们注重传统文化不是要回到过去，而是要"阐旧邦以辅新命"，关注传统文化的"当代价值"，这也是我们衡量传统文化是否优秀的重要标准。只有具备当代价值，能为社会主义现代化建设和伟大复兴中国梦的实现凝心聚力，提供强大精神力量的文化才是优秀传统文化。

可见，优秀传统文化就是传统文化这个既定存在中有利于当代社会主义建设和中国特色社会主义文化建设的思想文化部分，与中国传统人文精神密切相关，与中华民族精神直接勾连。

第三节　优秀传统文化释义

中华优秀传统文化经过了五千年的积累和沉淀，是先辈和当代人共同创造的精神文化成果，也是中华民族历史美德、精神观念、意识形态的集合体，传统文化中包括了人民群众的理想、家国情怀、处世方法和仁义道德，这些是中华民族十分宝贵的精神财富和文化标志，也是坚定文化自信的重要源泉和动力，同时还是文化自信的主题命脉。

一、优秀传统文化概述

传统是在综合作用下继承、流传后世的，离不开各个历史阶段的独具特色的自然环境、经济结构、制度体系、思想观念外在因素，且对我们的社会和生活方式产生巨大影响，是道德规范、价值观念、风俗习惯等各个方面的总和。传统文化是从历史沿传下来的思想观念和各种物质的综合，涵盖的范围非常广泛，不但包括诸子百家的哲学思想、科学技术、经典书籍、文学作品、传统艺术，而且还包括中国武术、纺纱织布、传统中医、音乐戏曲、民风民俗、古代建筑等多领域的内容。但是并不是所有流传下来的都可以称之为传统文化，它是凝聚了人民共识且能够增强民族凝聚力，对民族的生活方式和价值观念产生深刻影响，在社会变革中不断孕育、继承、更新、积累下来的，保存在中华民族当中，具有稳定的形态，并被后人继承和发展，始终保持其时代性。中华优秀传统文化是传统文化的精华，在历史的长河中生生不息，是推动中国实现文化自信的营养根基，它是由先辈们和当代人共同创造的精神文明成果，集中华民族历史美德、思想观念、意识形态于一体，它是由儒家、道家思想为核心，综合墨家、法家、阴阳家、杂家等众多流派的思想精髓。传统文化的精华，涵盖着丰富的名人志士的德育思想、君子文化、处世准则、交际艺术等等，为国家培养理想人才提供了丰富的教育理念。深度研究中华优秀传统文化中的德育内涵，为培养德才兼备的真正"中国人"储备力量。中华优秀传统文化的精髓是民族精神，主要体现为诚信友爱、精忠报国、以义制利的价值取向；自强不息、锐意进取的远大志向；正心诚意、格物致知的心性追求；严于律己、见贤思齐的品德修养；天人合一、以和为贵的中庸思想；重气节、崇礼让的思想境界；创新不止、勇于开拓的行为追求。中华优秀传统文化是独具特色、具有生命力的文化，在当今社会，其仍具有深刻的启迪作用和很强的现实意义，辉煌的文艺作品给后人留下了传世珍宝，深厚的人文内涵和道德伦理对人们的思想和行为影响深远，智慧之学的古代哲学思想对我国治国理政、处理外交关系及公民的交往艺术，甚至全世界都有深刻影响。中华优秀传统文化不仅是过去的，也是现在的，更是未来的，其强大的力量推动着社会不断前进。

中华传统文化的内容博大精深，中华优秀传统文化属于中华传统文化，是中华传统文化中的精髓部分。中华优秀传统文化在中华民族的发展史上发挥着积极的推动作用，至今仍对社会与民族具有重要价值，它体现着中华文化的正确发展方向，能够促进社会的进步与民族的发展。中华优秀传统文化拥有着博大而精深的内容体系，主要内容包括政治制度、道德观念、艺术文化、科技文化、文化精神等。中华优秀传统文化凝聚着为广大中华儿女所普遍认同与广泛接受的道德观念和价值取向，它也是中华民族语言习惯、传统习俗、思维习惯以及情感认同的集中体现。

中华优秀传统文化是在五千多年的历史传承中孕育的，它"积淀着中华民族最深沉的精神追求，代表着中华民族独特的精神标识，是中华民族生生不息、发展壮大的丰厚滋养"。具体说来，它既包括仁者爱人、立己达人的关爱，也包括天下兴亡、匹夫有责的家国情怀；既包括以爱国主义为核心的民族精神，也包括正心笃志，崇德尚善的人格追求。以经史典籍、文学艺术、礼仪制度等多种形式载体，生动鲜活地体现着中华民族的精神气度与突出优势，不仅促进了中华文明的延续和发展，更对人类文明和社会进步发挥了重要作用。陈先达教授曾指出，

"一种文化的生命力不是抛弃传统，而是在何种程度上吸收传统、再造传统"。由此可见，中华文化无疑是最具有生命力的文化。这是因为其跨越数千年悠久历史，却能一脉相承、绵延至今，在整个人类文明史上独一无二，时至今日，依旧能为我们提供强大的精神滋养。当今时代，推进中国特色社会主义文化的发展繁荣也必将从中华优秀传统文化的丰富内涵中汲取营养。

通常来说，民族特征、形态等是中华优秀传统文化的主要内涵表现。在认知中华优秀传统文化方面，学术界主要有三种不同观点。第一种观点表示：中华优秀传统文化应该包含从人类出现中华大地中发生的一切。第二种观点表示：周朝至1840年这段中华文明逐渐繁荣应该是中华优秀传统文化的唯一内涵，从古至今的全部历史不该包含在内。第三种观点表示：经济形势、政治结构、意识形态等包含在内的存在于历史和现实中的"活"的东西才是中华优秀传统文化，促进时代进步的器物和节日等的综合体，其中孔孟儒家思想等作为中华优秀传统文化的主要代表。

李宗桂认为，中华优秀传统文化，是指中国传统文化的精华所在、精神所在、气魄所在，是体现民族精神的思想、价值内涵，是经过长期的优胜劣汰、大浪淘沙对当代国家发展和社会进步仍然有益的思想理念和价值取向。而王学伟认为，中华优秀传统文化就是1840年以前创造的，并能够经过现代化意义上的转化而服务于中国现代化建设的文化，包括物质层面形态、知识技术层面、行为层面、文学艺术层面和思想精神层面等。李宗桂的观点强调了中华优秀传统文化的精神价值性，注重从思想理念层面来体现中华优秀传统文化对现代文明的引领作用，这是狭义层面上对中华优秀传统文化内涵的界定，简单地把中华优秀传统文化理解为占据主导地位和支配作用的思想观念文化。王学伟的论述指明了中华优秀传统文化的具体时限、评价标准、时代价值，这是广义上对中华优秀传统文化的定义式阐述，但在可操作层面上显得不足，超出了今天我们所要弘扬和建设的中华优秀传统文化价值体系。大国的崛起离不开传统文化的支撑、引领、认同与传承。近年来，习近平总书记多次发表重要论述，他站在时代价值角度，从中华民族伟大复兴出发，对中华优秀传统文化做出新的概括和新的定义，将中华优秀传统文化升华为"中华民族基因""民族文化血脉"和"中华民族精神命脉"。习近平总书记注重对传统文化根脉的传承，超越时间和空间限制重新解读与定位中华优秀传统文化，促进了我们对其内涵的理解与认同。对中华优秀传统文化内涵的理解要抓住三个关键词："中华""优秀""传统文化"。

"中华"明确了优秀传统文化的发源地，中国拥有56个民族，是一个多民族国家，不同民族各有其特征，并且创造出多样的文化。中华优秀传统文化扎根于广袤的中华大地，它并不是某一个民族的文化。近年来，有些学者把中华优秀传统文化等同于以"儒、释、道"为主的汉族文化，把拥有宝贵人文资源的少数民族文化割裂出去。只有强化对少数民族文化的保护、发展与传承，才能构成丰富多样的中华优秀传统文化。其次，找准它的评价标准。"优秀"强调的是传统文化的内容，所谓"优秀文化"，就是指所有文化中经过千百年历史长河洗礼与打磨仍然保留下来的精华部分。衡量中华传统文化优秀成分的准则应侧重于价值性和功能性，从文化价值层面能提炼出思想理论，从实践角度来看，这些思想理论要满足国家、民族的发展需要。因此，"优秀"与否，既要坚持真理尺度，也要坚持价值尺度。最后，界定它的时限问题。"传统"是指传统文化出现的时间，一般情况下认为传统文化不同于现当代文化，传统文化产生于过去，经历世代传承，凝聚自己特点的社会历史文化因素。张岱年、方克立、何晓明等认为，通常所说的传统文化是晚清以前也就是1840年以前的中国文化，明确了中国传统文化的时限问题。本书认为中华优秀传统文化是指从1840年以前的历史进程中形成和发展起来的，根植于中国疆域以中华民族为创造主体的，经过历史检验、证明对国家和民族发展有重要作用的思想文化价值体系。把中华优秀传统文化纳入思想文化价值体系的范畴，这才是我们需要弘扬与传承的，对核心价值有滋养功能，并使其能在新时代不断发挥思想引领作用的优秀传统文化。

中华优秀传统文化是我国传统文化中的重要组成部分。传统文化带有独特的民族气息，也是各民族所创造文明碰撞与融合后的产物，是中华文明成果的重要基础。传统文化的知识具有精华部分，也有糟粕部分，要进行合理有效的选取，对于一些先进的传统文化要及时普及，对于一些落后的思想也要及时地摒除。中华优秀传统文化离不开传统文化的基础，传统文化中蕴含着很多优秀文化基因，如尊老爱幼、推己及人、以民为本、刚正不阿、诚实守信、自强不息等美德，仍值得我们继承与弘扬。中华优秀传统文化产生和形成于中华民族的历史进程与中华土地上，张岱年曾经说过："中华优秀传统文化的核心是关于人生意义、人生价值、人生理想的基本观点，可以称为人本观点。"面对当前的世界背景，许多国家不断提高对文化软实力的关注，并将其放在了综合国力中的重要地位。中华优秀传统文化在树立中国人的文化自信心的过程中占据基础地位。延绵几千年的中华优秀传统文化，里面蕴含了中华民族较长时间的发展过程中精神活动、理性思维等，包含丰富而厚重的集体记忆，建立了科学的思想资源和独特的价值模型。中华优秀传统文化是民族的优秀基因，深深地扎根于每一个国民的心里，在潜移默化中影响着国民的行为准则和思想意识，优秀传统文化有利于推动国家的发展、民族的复兴，在维护团结统一、巩固多民族团结、鼓舞中华儿女树立文化自信等方面有着十分重要的意义，在一定程度上也促进了社会的进步和发展。中华优秀传统文化蕴含着丰富的精神追求和价值观念，是我国人民智慧的结晶和中华儿女在修身、齐家、治国、平天下中对精神文化层面的实践总结。中华优秀传统文化不仅是民族历史上道德传承、文化思想及精神观念的形态总体，也是民族的精神命脉，更是涵养社会主义核心价值观的重要源泉，凝结着我们世代炎黄子孙认识和改造世界的丰功伟绩以及古圣先贤的无穷智慧。

中华优秀传统文化是民族的精神力量的源泉，包裹着我们炽热的爱国情怀和强烈的民族自信心，是华夏文明传承至今的本源力量。在传统文化的传承与发展过程中，应具有科学的观念与辩证的思维，既要看到精华所在，也要看到一些不足之处，只有取其精华弃其糟粕，才能源源不断地从中汲取养分，推动优秀传统文化的现代化转型。然而现实中，无论是对于传统文化精华部分的理论研究，还是对其进行的深层次解读都远远不足，使得传统文化根基不稳定，难以满足时代发展的要求。文化创新离不开传统文化与现代文化的融合，但也要注重二者之间的平衡，以促成和谐发展的局面。要深入挖掘中华优秀传统文化的现实意义，就要从实际问题入手，创造性地将其精神实质引入现实背景和基本国情，以寻求理论突破与文化创新。优秀传统文化好比一棵参天古树，孕育出灿烂辉煌的文明，根植于中华儿女的血脉与精神世界。在中华优秀传统文化的阐释过程中，脱离时代背景，仅仅以传统思想典籍中的相关论述来解决当今社会中存在的问题，从而证明中华优秀传统文化的现实意义与价值是片面的、不可取的。中华优秀传统文化的发展离不开文化创新与融合，只有遵循时代的发展规律，将其与社会主义核心价值观联系起来，二者相辅相成，才能深入人心，引起国民心中的共鸣，激发国民的爱国热情与民族自信心，最终实现文化繁荣，实现中华民族伟大复兴。

二、中华优秀传统文化"双创"

在这个大发展大变革大调整的时代，应以马克思主义为指导，继承和发扬中华优秀传统文化中富有价值的哲学思想、人文精神、教化思想、道德理念，与马克思主义相融合、相衔接，与现实实践和时代要求相结合，就是当今时代必然的选择。这就是习近平总书记所说的中华优秀传统文化的"创造性转化、创新性发展"。

习近平总书记首次提出"双创"论是在 2013 年谈及传统美德时。随后不久，习近平总书记把"双创"的具体对象从中华传统美德扩展到全部中华优秀传统文化。

当然，这种"转化"和"发展"，都必须参照当今时代的新特点、新要求，从唯物史观出发、从中国人民当下的伟大实践出发来进行，这就为我们发扬光大中华优秀传统文化提供了根本指引。创造性转化与创新性发展的本质内涵是在坚持马克思主义立场、观点、方法的基础上，分析中华优秀传统文化"双创"的两种方式，既要看到二者的联系，又要看到二者的不同。

"创造性转化"和"创新性发展"侧重方向和概念不同但是又有所联系。如"忠""孝"等传统文化，新时代要抛弃"愚孝"和毫无底线的"忠"，鼓励其形式多样化，不再用以前的标准随意评判"忠""孝"。因此，明确区分"创造性转化"和"创新性发展"这两个概念之间的内在关系，是实现转化和发展中华优秀传统文化的必要条件。

"创造性转化"与"创新性发展"虽然是不可分割的整体，但各有侧重、各有所指。创造性转化主要是立足于中华传统文化进行内容和形式的动态发展，它的本体是"中华传统文化"，特点是具有"创造性"，基本要求是"转化"，主要强调的是推陈出新；而创新性发展主要强调提升和超越，是在传统文化已取得的成就上进行的。"中华传统文化"是基点，"发展"是内在要求，动力是"创新"，目的不只是"服务"，更要注重提炼出传统文化中的新内容，这些新内容一头联结着传统文化，另一头则要融入现代社会形态的新文化体系之中。我们在前面已经论述过"创造性转化"和"创新性发展"这二者的不同含义和特征，创造性转化的本质是选取传统文化中的精华部分，为其寻求更多转化的内容和形式，使之与现代文化体系相融合，达到高度的文化认同，共同服务于现代社会。而创新性发展的本质是要求更新和创造，也是在传统文化原有的基础上进行的，这既是对传统文化的继承和弘扬，也是对现有文化的提升和延伸，从而实现传统文化自身价值的飞跃，使现代文化内容和体系更完善。因此，创造性转化和创新性发展是两个不同的概念，具有各自不同的内涵要求和本质特性。

"创造性转化"与"创新性发展"这两个概念之间具有内在的逻辑联系。先有转化后有发展，一方面，创造性转化是创新性发展的基础和前提，也就是要对我们的文化有自信，然后才能更好地将其升华。另一方面，创造性转化是传统文化创新性发展的必要环节，转化的过程是对自身传统的整合、再建构，也是在现实条件下回应时代问题的立足点。只有充分掌握科学有效的具有现实性的内容和形式，拒绝固化，才能更好地促进主流文化的发展。创新性发展是创造性转化的目的和归宿，是对传统文化的提升和超越，也是文化与时俱进过程中的必然结果。创新性发展的目的是为了更好地建设中国特色社会主义先进文化，这是传统文化现代化的重要途径，也是实现创造性转化的必然要求和应有结果。

总之，"创造性转化"和"创新性发展"为当代文化强国建设提供科学理论指导，在新时代，提升中华优秀传统文化的科学内涵，是习近平总书记中华优秀传统文化观的重要思想内容。这一"双创"问题备受关注，具有重要理论价值和实践意义。

（一）"双创"的基本路径

1.要在马克思主义理论指导下全面、科学地认识和继承中华优秀传统文化

"继往"才能"开来"。要创新，先得继承；要继承，先得学习。这就需要我们的文化工作者静下心、俯下身，加强搜集和清理各种各类文化遗产，加强文化经典的整理和弘传，加强传统文化资源的系统化、数据化，加强全体社会成员的学习和体悟，通过回顾历史、悉心学习并汲取历史经验，并有意识地在实践中去运用。按照四个"有利于"标准，做好传承创新的工作是否有利于"全体人民在理想信念、价值理念、道德观念上紧紧团结在一起"，建设中国特色社会主义；是否有利于国家"五位一体"全面发展；是否有利于满足人民群众日益增长的美好生活需要；是否有利于提高特色社会主义中国的国际影响力和国际话语权。

一是要深入挖掘中华传统文化的深刻内涵，并努力加强优秀传统文化与马克思主义的融合创新。不同的思想文化体系既有不同的个性，也有相通的共性。二是要用无产阶级的宽广眼光观察世界，深入学习借鉴国外尤其是西方国家先进的人文思想和理念，这也是所谓"不忘本来，吸收外来"。三是参照适合我国社会发展，根据国情需要，把优秀传统文化精髓与当代中国人民的社会主义实践融会贯通，在社会主义建设实践中的灵活运用，这是对中华优秀传统文化进行创新性弘扬和创造性继承发展的关键所在。

2.按照四个"有利于"标准，做好"弃"的工作

"弃"的内容主要有三类：一是以愚民和压制人性为目的的思想观念和道德价值观，如"君权神授"观念和《商君书》中"愚民、弱民、疲民、辱民、贫民"等错误理念；二是那些在当时或某些特定历史条件下具有进步意义，但随后逐渐演变为代表腐朽没落势力、从而失去进步意义的文化观念，如"男尊女卑"、特权思想等；三是有一些随着科技和时代进步已经不适应人们生活的文化方式，如

各学校要塑孔子像供学生每日行礼如仪等过度的繁文缛节,显然无法适应新的当今社会环境和历史条件。

3. 按照四个"有利于"标准,做好"扬"与"弃"相结合的工作

事实上,很多古代思想理念的含义都是复杂的、丰富的,很难一言以蔽之,可以完全"扬"或完全"弃"的情况几乎不存在。对于这些在不同时代、不同环境条件下具有明显相对性、积极意义与消极意义缠夹、融合在一起的思想观念、道德价值,必须科学分析、辩证取舍。例如"忠"和"孝",作为儒家重要道德理念,在封建社会里往往意味着臣子对君主、子女对父母绝对的、无条件地服从,常常体现为"愚忠""愚孝",这种要求在今天显然是不适宜的。但是其中也同样包含着对国家、民族利益的忠诚、服从和尽力而为的美德情操,包含着子女"寸草心"对"三春晖"的拳拳之忱,纵然岁月流逝,这种高尚的道德感情永不褪色。"双创"就是要把这个传统训诫中"愚"舍掉,把"忠"从对古代帝王和封建王朝的忠诚与坚贞,创造性转化、创新性发展为对国家、人民和社会主义事业的忠诚与坚贞。同样,要把子女的孝顺孝敬与父母的慈爱关怀统一起来、给孝顺和慈爱的道德感情注入理性和科学的精神。类似的范畴还有儒家的义、利、诚信、和谐、安贫乐道等;道家的道法自然、抱朴归真、天道无为等;佛家的无缘之慈、同体之悲、不垢不净、不增不减等。这一类思想和理念需要梳理、转化和传承。

4. 按照四个"有利于"标准,做好"扬"的工作

"扬"的内容也分为两类:一类是那些具有永恒意义的、健康积极的哲学思想、价值理念和人文精神,如大同理想、自强不息、厚德载物、尊师重道、不欲勿施等,是中华优秀传统文化中的精髓,应该毫不犹豫地继承和发扬光大。如习近平总书记从中国优秀传统文化中的"大同"思想得到治国理政和参与全球治理的思想滋养,结合国情世情进行思考,首倡构建"人类命运共同体",得到越来越多的认同和赞誉,这就是创造性转化、创新性发展中华优秀传统文化的杰出范例,值得每一位文化工作者、哲学社会科学工作者效仿学习;另一类是结合时代条件,在去芜存菁的基础上创新弘扬。如上文谈到的传统"忠""孝"等概念中的思想精华。做好"扬"的工作,最重要的是,"要使中华民族最基本的文化基因与当代文化相适应、与现代社会相协调"。就是说,要把优秀传统文化中的哲学思想、价值理念、人文精神等与主导意识形态有机结合,与中国特色社会主义建设的主题相融合,与人民群众的历史主体地位相适应。在此基础上,转换成符合广大人民群众利益的、为广大社会成员听得见、听得懂、听得进的道理、意见和故事,融入老百姓的文化生活中,融入时代实践中,融入公共文化服务和文艺

作品、文化产品中。人民才是中华优秀传统文化"双创"的真正主体，是践行中华优秀传统文化理念、建设中国特色社会主义现代化强国的主力军。比如生活中经常见到改编自传统文化素材而大获成功的影视作品，民俗旅游、传统文化景点与当代当地经济的对接，传统刺绣工艺进入高端时尚设计，等等都是把优秀传统文化融入人民生活的"双创"典范。

（二）中华优秀传统文化"双创"的价值

1. 中华优秀传统文化"双创"的理论价值

（1）在社会主义现代化建设中诠释中华优秀传统文化的内涵

对优秀传统文化创造性转化、创新性发展既要站在历史的节点上，从当时的社会历史条件阐释传统文化的内涵，激活经典中的精神；又要结合现代化建设的实际，运用现代多媒体、科技手段进行现代转换使其贴近人们的实际生活，通过创新形式，表达出新的含义，更好的传承发展。我们要充分认识到中华优秀传统文化是社会主义文化强国的沃土。随着我国全面深化改革步伐推进，一些外来文化必然会对社会主义文化产生重大冲击。因此，中华优秀传统文化"双创"的理论价值就是要在中国特色社会主义现代化实践中运用，按照时代要求，大胆吸收一切优秀思想和文化成果，推动中华优秀传统文化转化创新，结合时代发展需要不断展现新的形式，与现代生活元素相融合，实现以文化人的时代任务。要科学阐释其内涵，还要以中国特色社会主义现代化建设的实践标准为准绳，以能不能解决当今中国社会经济文化发展的现实问题为依据。这种实践标准和解决现实问题既是对中华优秀传统文化"双创"理论价值的检验，也是对中华优秀传统文化"双创"提出更高的要求，要做到与时俱进，才能增强我国文化的竞争力。

（2）为构建中国特色哲学社会科学理论体系提供价值元素

当代中国社会的伟大变革，促使我们必须顺应时代发展潮流。"一个没有发达的自然科学的国家不可能走在世界前列，一个没有繁荣的哲学社会科学的国家也不可能走在世界前列"，"坚持和发展中国特色社会主义必须高度重视哲学社会科学"。习近平总书记在讲话中精准概括了在社会主义现代化建设中积极构建哲学社会科学建设的迫切性，也是中华文化走向世界的有力支撑的重要环节。中华优秀传统文化为哲学社会科学建设提供宝贵资源，是实力与自信的重要来源。创新是哲学社会科学发展的永恒主题，中华优秀传统文化转化与创新是对哲学社会科学促进发展的有益补充。因此，哲学社会科学的构建不仅要立足社会主义现代化建设的实际，更要结合优秀传统文化精髓，在现实生活中搜集好的素材，才能创作出好的作品。我们要深刻认识到中华优秀传统文化"双创"在哲学社会科学构建中的双重作用：一方面，中华优秀传统文化"双创"为哲学社会科学的构建提供了优秀传统文化的思维方式、文化智慧，为哲学社会科学知识体系建设和方法提供借鉴；另一方面，新时代，哲学社会科学的构建和发展为中华优秀传统文化"双创"成果提供有效的实践检验。

2. 中华优秀传统文化"双创"的实践价值

（1）为社会主义现代化建设提供价值导向

中华优秀传统文化现代转化要与社会主义现代化建设相适应。把优秀传统文化中的思想理念转化运用到"经济建设、政治建设、社会建设和生态文明"建设层面上来，推动社会经济更好发展。

其一，在经济建设层面。我们要充分学习运用中华优秀传统文化中蕴含的"易穷则变，变则通，通则久"的改革与革新思想。同时，中华优秀传统文化蕴涵的义利观为促进社会经济发展提供了重要理论渊源。

其二，在政治建设层面。党的十九大以来，我国全面推进依法治国与以德治国，提出了以"人民为中心"的治国理念是新时代中国特色社会主义政治建设的实践推进与具体运用。是对中华优秀传统文化中的"仁政""法治""民本"等思想的创新运用，这些优秀传统文化思想为社会主义现代化治理提供了思想支撑。

其三，在社会建设层面。中华优秀传统文化为构建和谐社会、建设美丽乡村，全面建成小康社会提供思想保障。

其四，在生态文明建设层面。中国特色社会主义进入新时代，生态文明建设关系中华民族永续发展，党和国家把生态文明建设列入社会主义现代化建设的总体布局。在社会经济的整体发展规划中，全面落实可持续发展理念，留住青山绿水，加强环境保护，建设美丽中国。这一实践过程是对中华优秀传统文化中"天人合一""道法自然"等思想的创新，也是丰富和发展了马克思主义关于人与自然关系的思想。

（2）辨别与区分不同时期的中华优秀传统文化，进一步提升中华优秀传统文化内涵

在建设社会主义先进文化过程中，我们要对中华传统文化进行正确的价值判断，为社会主义先进文化建设提供更有价值的内涵。在辨别和区分的过程中，不能主观臆断，只有做到科学分析与认真研究才能得出正确结论，才能在转化创新中符合时代要求，为社会主义先进文化建设打好基础。

中华优秀传统文化"双创"的实践价值，还在于其转化创新的成果能否得到

社会实践的检验。中华优秀传统文化"双创"最大的理论价值不是熟读强记这些论断，而是将这些论断所包含开放性、系统性、辩证性精神的内涵转化到我们的日常生活中，使得人们的思维范式不断开放调整，激发人们的创新思维。让优秀的传统文化精髓在社会主义现代化建设中发挥更大的价值，让更优秀的传统文化精髓得以传承。

第四节　优秀传统文化与社会主义先进文化建设

中国有着悠久的文明史，至今只有中华文明至今一脉相承、绵延不绝。这得益于其独一无二的特质，独一无二的文化思想体系和价值观体系。

新时代中华民族优秀传统文化是在党的领导下不断继承和创新并孕育的先进的社会主义文化，中华民族独特的精神旗帜已经在树立起来。在新时代的条件下，我们要坚持促进社会主义先进文化的繁荣发展，充分发挥其作用。

一、社会主义先进文化

多数学者认为，在这一科学界定中，"以马克思主义为指导"和"民族的、科学的、大众的社会主义文化"标志着先进文化对革命文化的一脉相承；而以培养"四有"公民、坚持"三个面向"，则代表了十一届三中全会以来，党对社会主义文化及建设方略的深刻总结与展望。但也有学者认为："革命文化和社会主义先进文化都是中国共产党领导人民在中国革命和社会主义建设的伟大实践中创造的先进文化。"也有学者把这两种文化统而论之，并与优秀传统文化对举。

本书认为，在这个问题上有两点需要提出。一是尽管革命文化、先进文化一脉相承，但习近平总书记既然把"革命文化"与"先进文化"并举，应该是着眼于两者的相异之处。二是认为"革命文化和社会主义先进文化都是先进文化"的观点，其实也是不错的，如果"革命文化"或"先进文化"加上各自的时代性限定，则都是各自时代的"先进文化"；而且革命文化需要继续传承，说明它并没有过时，仍然适应当今时代，自然，它也仍然具有先进性。所以上述两种看似矛盾的说法，其实是统一的。以1956年我国完成"三大改造"为标志，把党团结带领人民在社会主义建设时期，尤其是改革开放以来所形成的文化形态、文化形式和文化标识，称为社会主义先进文化。最主要的理由就在于党的十六大关于先进文化做出的权威性界定中，"四有"和"三个面向"的限定性解释，具有鲜明的时代针对性。可见，全面的社会主义建设开始于标志性的 1956 年时间节点。

具体说来，社会主义先进文化，就是中国社会主义文化接受世界大潮洗礼和时代风云熏陶，以理论、学术、舆论、文艺、影视等文化样式，反映社会主义建设与改革开放时代的经济、政治、社会状况，并积极反作用于所有这些领域的文化。先进文化引领着社会的精神风尚，指引着社会建设的发展方向，塑造者人民的民族观、国家观等，也在世界上塑造着国家形象。其主要内容，包括以马克思主义意识形态为主导的所有文化形态和文化形式，蕴含着中国精神和中国价值。

二、中华传统文化与社会主义先进文化的关系

社会主义制度建立以来，中国经济规模以极快的速度增长，社会格局发生了巨大变化。改革开放以来，社会主义先进文化随着时代的发展不断继承创新，社会主义先进文化是以为人民服务为原则，发展民族的、大众的科学的文化，不仅是面向民族国家的，更是面向世界的先进文化。马克思主义文化固有的科学指引、前瞻性，符合时代和兼容并包等特性都体现了它的价值追求，并为建设一个强大的文化国家树立了鲜明的旗帜。社会主义先进文化的弘扬是以社会主义核心价值观为内核的重要体现。马克思主义文化吸收了人类文明在社会发展中的成就，并具有国家、社会和公民的价值。马克思主义文化提供了遵循文化自信心的基本思想，体现了社会主义的基本性质和要求，因此培育并树立以社会主义核心价值观为指导思想参与文化创作实践进而影响人们的世界观、生活观、和价值观，是中国特色社会主义文化新建设的重要前提，是思想基础和精神动力，也是促进社会的完善建设的精神指导力量，这种先进文化的指引，有助于建立基于中国特色的文化自信。改革开放以来，在党的领导下，我国一直寻求文化方面的创新发展，并在中共十八大中进一步明确了中国特色社会主义制度的内涵并为指导文化体制的改革提出更加具体的规划和举措。

从历史继承发展的渊源来看，中华优秀传统文化是伴随中华民族在历史进程中进行批判式的继承与发展，从而形成的思想理念与价值观。中华优秀传统文化是以中华民族所蕴含的民族精神为基础的，中华优秀传统文化的显著性特质就是思想性。社会主义先进文化是将传统文化、革命文化融合入时代精神中从而实现民族的创新发展，因而社会主义先进文化的显著性特质是时代性。社会主义先进文化来源，最根本的就是中华优秀的传统文化，复兴我国传统文化是弘扬先进文化的大前提，传统文化的深厚累积可以为中华民族伟大复兴提供强有力的精神支

撑，这种精神支撑足以将新时代的中国从文化大国的行列助力跃进文化强国中，进而实现中华民族的伟大复兴。对中华民族传统的优秀文化加以创造性地吸收和改造，形成具有中国特色的社会主义先进文化体系。

先进文化是对传统文化精华的继承和弘扬。中国共产党始终身负传承弘扬中华优秀传统文化和马克思主义文化的重任。革命文化是在中国人民革命实践中，中国共产党把马克思主义与传统文化有机结合而催生出的文化新形态，它就是当时的"先进文化"；而"社会主义先进文化"，正是对这一革命时期"先进文化"的天然继承、结合变化了的时代条件的最近创新成果，所以当然也是对优秀传统文化的传承弘扬。今天我们对中华优秀传统文化的"双创"，其本质就是要结合新时代的要求，对传统文化精华进行再创造，使之新时代先进文化的有机组成部分。

数千年传统文化所积淀流传下来的哲学理念、人文精神、道德关怀等精神性的文明成果，在当今是新时代进行道德建设、风尚培育的重要资源。例如传统文化所注重的"扶危济困""不患寡而患不均"，对于我们今天如何理解和实现正义有着重要借鉴意义；"位卑未敢忘忧国""先天下之忧而忧"是"爱国"精神的直接来源；"言必信，行必果""人而无信，不知其可也"，这与"诚信"是相契合的；"仁者爱人""与人为善"，与社会主义核心价值观中的"友善"也是一脉相承的。这些文化理念潜移默化地影响着中国人的价值观念、思维模式和行为方式，因而是培育和弘扬社会主义先进文化的宝贵资源。

三、建设社会主义先进文化的要求

先进文化，就是中国特色社会主义文化的"生长锥"。在新时代，习近平和党中央创造性地提出中国梦等新发展理念、构建人类命运共同体、中国精神、中国价值、中国智慧等思想和理念，以及在改革开放不断深入，中国特色社会主义建设在从"富起来"向"强起来"跨越式发展过程从人民大众中涌现出来的劳动精神、劳模精神、工匠精神、优秀企业家精神、科学家精神等，极大地丰富着先进文化的内涵。其中，坚持中国共产党的领导，以马克思主义主导、以人民为中心、坚定理想信念、弘扬中国精神和中国价值、在实践中不断创新发展等，既是先进文化的标识，也是发展和建设先进文化的要求。

（一）坚持党的领导，更加高举马克思主义旗帜，坚定理想信念

1. 坚持党的领导，是先进文化的基本标识和基本要求。

100 年来的中国社会发展，充分证明了一个真理：只有代表无产阶级的中国共产党，才能担负起实现中华民族站起来、富起来、强起来的历史使命，才是先进文化的代表者和引领者。只有中国共产党的坚强领导，才能为社会主义先进文化的发展提供可靠的政治保障；也只有社会主义先进文化大发展大繁荣，才能更好地创造出党执政兴国的精神环境。

2. 高举马克思主义旗帜，就是坚持马克思主义在一切文化领域的思想主导，这是先进文化性的根本思想保证。

我们正在建设的先进文化只能是"社会主义性质"的文化，这是一个根本原则问题。社会主义先进文化，只能为无产阶级的政治专政和以公有制为主体、多种经济成分共同发展的经济制度服务，具有鲜明的阶级性。这是我们一切文化工作的根本前提。

3. 坚定坚持理想信念，理想信念作为意识形态的旗帜，指引着文化发展的方向。

马克思主义的共产主义远大理想和中国特色社会主义共同理想，就是中国人民的文化精神之"钙"，构成人们"精神身体"的"骨骼"，支撑起人们的意义世界。远大理想和共同理想是马克思主义、社会主义的最鲜明标识，是总领国际共运和中国特色社会主义事业的灯塔，指引着新时代先进文化建设的前进方向。所以，坚定坚持和努力践行理想信念，必定是社会主义先进文化的鲜明标识和内在要求。

（二）坚持以人民为中心

1. 坚持"以人民为中心"的工作导向。

社会主义国家是人民当家做主的国家。习近平文化思想最为核心的内容就是文化的人民性问题。人民立场是马克思主义的根本特征，从人民立场出发的"群众路线是党的生命线和根本工作路线。"中国共产党是人民的党，来自人民、植根人民，也始终服务人民。所以，共产党领导下的社会主义先进文化和文化建设，必须为人民服务。社会主义先进文化的建设和发展，必须坚持"以人民为中心"的工作导向，深入人民群众，想人民之所想，急人民之所急，做人民的代言人，为人民"发声"、为人民"书写"、为人民创新。这是社会主义先进文化人民性的基本要求。

2. 坚持先进文化的"大众化"方向。

一切历史都是人民的历史，文化发展的历史也不例外。作为先进文化的突出代表内容，马克思主义理论虽然是被实践证明了的科学理论，但还必须要进入群众的头脑中，被群众所掌握，才能成为创造历史的磅礴力量。"失去了人民拥护和支持，党的事业和工作就无从谈起。"社会主义先进文化肩负着传播马克思主义、让马克思主义理论"掌握群众"的历史重任。因此，必须坚定不移走大众化之路，必须着眼于、着力于提高全民族的精神文化素质和思想道德素质，凝聚起全体人民为同心协力、实现中国梦的磅礴精神力量。

（三）大力弘扬中国精神、中国价值

中国精神、中国价值是先进文化的精髓，必须大力弘扬。民族精神和时代精神是中国精神的核心内涵所在。一方面，民族精神是中华民族的强大精神纽带，其核心为爱国主义。民族精神包括很多元素，之所以将爱国主义列为民族精神的核心，一是因为爱国主义是中华民族最深沉的精神品格。几千年来，爱国主义始终牵引激励着中华各族人民自强不息、不懈努力。古代有岳飞精忠报国，近代有孙中山等仁人志士的救亡图存，这都是对爱国主义的生动体现。二是因为爱国主义表现为对家国山河的深厚情感。爱国是一种丰富的情感，包括爱祖国山河、爱骨肉同胞、爱民族国家等。祖国山河是我们生于斯、长于斯的地方，我们对其有着深厚的情感；骨肉同胞被共同文化所连接，情感难以撼动。三是因为爱国主义是对人们理想信念的彰显。爱国主义是动态的，爱国的本质是不变的，但爱国的形式却是随时代而变。一代代中国人民怀着共同的理想信念，在继承前人基础上与时俱进，促使爱国主义不断升华。另一方面，以改革创新为核心的时代精神的立足点为时代发展状况，是民族精神的现时状态。时代精神以民族精神发展为基础，同时也在一定程度上丰富和发展着民族精神，增强民族精神的时代价值。改革开放以后，时代精神实现高度发展，如"载人航天精神""改革开放精神""丝路精神""女排精神"等，这些都是时代精神的具体展现，为时代精神添加了新鲜元素，将时代精神提升到新的境界。这是社会主义先进文化弘扬的主题。

当代中国价值观念作为中国社会的主流观，作为意识形态的直接表现和核心内容，集中体现为核心价值观。通过在全社会积极倡行核心价值观和核心价值体系，在精神上把全体社会成员凝聚在一起，既是社会主义先进文化建设的主旨，也是体现国家治理体系和治理能力的重要方面。核心价值观在整合社会意识、凝聚人们精神力量方面的重要作用无可替代，务必充分重视和运用。社会主义核心

价值观指引和规范着人们日常的生产生活实践、凝聚着人们为特色社会主义建设事业努力奋斗。所以，培育和弘扬核心价值观，是为实现中国梦凝魂聚力的必然要求，是社会主义先进文化建设的必然要求。

（四）立足实践，创新发展

作为正在生成着、正在发展作用着的文化，先进文化相对于传统文化和革命文化来说，具有更加强烈的现实性和实践性。先进文化建设是一项创新性系统工程，必须在"不忘本来、吸收外来、面向未来"的前提下，立足实践、实现创新发展。所谓不忘本来，就是要求先进文化立足于中华优秀传统文化、革命文化的精神根基，坚持"古为今用"，从这两者中源源不断获取着深厚的滋养。所谓吸收外来，就是加强与他国他民族文化的"交流互鉴""洋为中用"，有选择、有批判地吸收外来文化有效成分和创新成果"适用的就拿来用，不适用的就不要生搬硬套"；所谓面向未来，就是朝着建成文化强国、实现共同理想创新创造、不懈努力。

先进文化建设以富民强国为主线，贯穿于社会主义各方面建设、改革、发展的各个环节，融合经济社会建设的各个方面，是人们生产生活中"日用而不觉"的"软"力量。先进文化建设要坚持以问题为导向，"坚持实践的观点、历史的观点、辩证的观点、发展的观点"，勇于和善于结合时代特点和实践要求创新创造，推出具有独创性的研究成果。只有立足于当今社会主义现代化建设各方面的实践，立足于广大人民群众的生产生活实际，对中华优秀传统文化进行"双创"，继承弘扬中国革命文化坚定理想信念、不忘初心、牢记使命、攻坚克难、公而忘私等崇高革命精神和革命情操，不断解决实践中的新问题、克服新困难，在实践创新中实现文化创新，才能不断开辟文化建设的崭新境界。

（五）先进文化制度化建设是弘扬先进文化的体制保证

建立完善发展先进文化的制度，是国家治理体系和治理能力现代化的实践要求，也是社会主义先进文化不断发展的体制机制保证。党的十九届四中全会要求我们要坚持和巩固马克思主义意识形态主导性的政治制度和根本教育制度；坚持在共产党员尤其领导干部和大学生等示范性群体中，在各种社会组织和机构中建立马克思主义理论教育制度；建立完善全体社会成员倡行社会主义核心价值观制度，并使之规范化、常态化；建立完善确保人民享有文化权益的规章制度；建立健全正确导向的舆论引导工作体制机制、建立健全"双效统一"的文艺创作生产体制机制；等等，这样才能在体制机制规范性的基础上，促进社会主义先进文化繁荣发展。

总之，优秀传统文化、革命文化、先进文化都是中华民族结合历史实际的伟大创造。马克思主义的强力融入，鼓冶陶铸，交流融合，生成了革命文化，使中国文化在"保守复古"与"全盘西化"反复交战的泥潭中拔出脚来，重获新生，并引导和推动着中国民族独立和人民解放。在社会主义建设时期，结合时代条件，中国共产党带领中国人民，在传承优秀传统文化和革命文化血脉基因的过程中，又创造出和继续创造着特色社会主义先进文化。在不同的文化阶段、不同的文化形态中，不同时期的文化精华共同汇聚成新时代文化的华彩篇章，是一脉相承的统一整体，滋养着一代代中华儿女。新时代中国特色社会主义文化，立足于特色社会主义建设、面向中华民族伟大复兴、力争为世界做出更大贡献，胸怀天下、继往开来。

第二章 传统文化的发展历程

中国传统文化经历了五千年而不中断，必有其缘由。本章将从传统文化产生与发展的根基和传统文化发展历程分析两方面来总结。

第一节 传统文化产生与发展的根基

一、"大一统"传统

《春秋公羊传》说："元年者何？君之始年也。春者何？岁之始也。王者孰谓？谓文王也。曷为先言王而后言正月？王正月也。何言乎王正月？大一统也。"这是"大一统"一词的来源，更是"大一统"深厚义理基础的经学依据。中华文明之所以成为世界上唯一同根同种同文且以国家形态发展至今从未中断的伟大文明，有赖"大一统"所提供的政治保障。"大一统"的动态实践，包含政治实体和文明不断扩大的过程，这需要不断地将"外人"变成"自己人"，把外部化为内部。

从炎黄时代的部落联盟，到夏商周三代的分封制，经过历史的不断演进，终于在秦代形成中央集权的大一统格局。从此，我国走上与西方不同的发展道路。秦汉以来"大一统"的中央集权和郡县制治理模式，是人类在农耕时代最成熟的国家和社会治理模式，远远高于同期西方社会的治理水平。在中国传统的历史逻辑中，地方割据往往伴随的是封建贵族、地方门阀、世家大族以至于军阀集团等寡头力量，以及随之而来的各种形式的阶层固化、经济剥削、人身依附等不平等、反平等现象，而统一则往往伴随着寡头势力的瓦解、平民阶层上升通道的拓展以及社会流动性的增强。在中国历史上，统一是主流。与"不断分化"的西方文明相比，中国历史总是呈现出"分久必合"。

在古代西方，分散于各地的民众围绕同一个神或同一些神的信念而产生了认同感；在古代中国，构筑起这种认同的不是神的信念，而是对"大一统"的历史信仰。中华民族总是珍视统一、致力于统一，不会把分裂的局面正常化。在世界各大文明中，真正形成大一统秩序格局的，只有中华文明。而古埃及文明、古巴比伦文明、古玛雅文明等，尽管都形成过强大的、具有扩张性的政治实体，但这些政治实体最终都消失在历史的长河中，这些文明也因为丧失政治实体的支撑，而沦为考古学的对象。基督教文明、伊斯兰教文明，尽管存在着类似于"大一统"观念的精神秩序，也存在过依托于此种观念建立普世性帝国的诉求和实践，但这些大型帝国也已经崩溃，最终形成的政治实体是分散型的小规模领土国家。大一统格局，是中国与西方历史发展的根本区别，也是中华文明绵延不绝的根本原因。

中华"大一统"在最初建立之时，亦曾受惠于地理空间带来的优势，比如相对封闭又足够广大的土地、特定气候和资源有能力支撑起大一统政权的长期存续。在大一统秩序的内在发展过程中，其产生出来的一些文化和物质要素，如统一的文字、被广泛接受和学习的文明典籍、具有相同观念的政治精英和士人群体等，已经使得大一统政权具有不断恢复的可能性。诚然，只有列国纷争，才有百家争鸣。但是，诸子百家都力图恢复统一的秩序，只是对统一有着不同的解释和实践方案。由此可见，统一是中华文明的内在诉求，大一统政权与大一统文明难以分割。文明秩序比政治秩序更为基本，文明的连续性是政权连续性的根据，文明是"大一统"的根基和秩序。文明既是政治统一的动力和目标，也包含了政治统一的正确方式，以及对此方式正确性的认证。在政治的变化中，文明自身也发生了相应的改变，获得了更为丰富的内容，从而保持了高度的连续性和强大的自我更新能力。正因为中华文明在历代有连续性，中国才会在多次分裂中重新统一。

二、地理环境

中国的地理环境复杂多样，中国的文化就是在这片特殊的地理环境中产生和发展起来的。中国地势走向的总趋势是西高东低，依次递降，形成地形上"三大台阶"。中国地形复杂，幅员辽阔，大部分领土处于北温带，气候温和，季风气候发达，这都对传统文化产生了重要影响。

（一）地理环境对传统文化形成的影响

由于土地、气温、雨水等条件较好，所以中国较早形成了农业社会，这让中华文化发展得又早又快。总体来说，中国的气候特征是雨热同季，降水与气温同步升降，十分有利于农业的发展。尽管在中国的历史上农业文化也曾有过与游牧文化的冲突和融会，但由于农业人口一直在文化和数量上具有明显的优势，所以在中国历史上占据主导地位的一直是农业文化。早在新石器时代，黄河中下游一带的地区就成了最适宜人类生存和繁衍的地方，也是在这一带最早形成了大片的农业区。中国地域十分辽阔，局部自然环境的改变、是不足以对农业的总体生产水平产生较大影响的。早期社会的生产力发展水平不够，中西方的文明中心又距离很遥远，正是因为受周围的地理障碍的保护，中国传统文化才得以独立发展，长期延续。

（二）地理环境对传统文化延续性的影响

辽阔的地理环境对中华文化的延续性具有重要作用。黄河流域，奠定了中华文明的根底；长江乃至辽河流域，西南崇山峻岭间，也有长达四五千年的文明历史，也同样孕育了中华文明。从地理环境上来看，中国有十分辽阔的疆域，为文化的发展提供了充足的回旋空间，当少数民族入主中原时，中原王朝即使失去了黄河流域，仍可以在珠江流域和长江流域延续自己的文化。如果中国没有广阔的疆域，传统文化要想数千年来流传下来就绝非易事了。而中国有充足的回旋余地，使得中国传统文化得以延续了下来。

（三）地理环境对传统文化多样性的影响

除了传统文化的延续性，地理环境还促成了传统文化的多样性。我国地理环境复杂多样，各地区具有不同的特征，这种自然特点造成传统文化的多样性。具体来说，中国传统文化可以分为游牧文化和农业文化，而农业文化又分为中原文化、楚文化、巴蜀文化、吴越文化等。事实上中华文化的区域差异早在先秦就形成了，不同区域里形成的文化也各具特色，中国的56个民族都有自己的特色文化，生活方式思想观念和风俗习惯都大有不同。正如古语所说"百里不同风，千里不同俗"。虽然多种多样的文化之间存在差异，但它们之间更具有统一，因此没有导致传统文化走向分裂的局面。

（四）地理环境对传统文化相对封闭性和独立性的影响

地理环境对传统文化的影响还体现在传统文化的独立相对性和相对封闭性。得益于相对封闭的地理环境，传统文化比较独立地渡过了文明发生期。中国东面是大海，西北面是戈壁和沙漠，西南面是青藏高原以及云贵高原，这就导致中国与外部世界半隔绝，即使有外来文化的传入也无法对中国传统文化产生很大影响、反而被传统文化改变。这就使中华文化一直延续了下来。中国独特的表意文字、文学艺术、哲学、思维方式等都自成体系。中国特有的"方块字"汉字，是由中国人独立创造出来的，和其他文字的产生有很大区别，意境高远的中国书画，也是中国人独立创造出来的，在世界艺术中独树一帜，中国人引以为傲的四大发明也是由中国人独立创造的。当然也有通过丝绸之路传到中国的外来文化，比如最典型的佛教。但中国化的佛教经过中国人的引申和发挥，已经和印度本土的佛教有了很大的区别。中国的地理条件过于优越也是造成中国长期团关锁国的根本原因，导致中国人沉醉于自己发达的农业文明，认为自己是"天朝上国"因此不愿意与其他国家交任。到了明清时期，更是闭关锁国，拒绝接受和了解外来文化。

（五）地理环境对中国民族伦理道德的影响

中国地处北温带，季风气候明显，使中华民族的性格向温和的方向发展，崇尚"中庸"的思想。中国的东部，河流众多，水热配合良好，季风能定期带来丰沛的雨水。中国地大物博，自给自足的小农经济长期占据主导地位，因此在这种环境下生长的中国人一向喜爱和平，讨厌战争及其带来的与动乱，把太平盛世作为君主在政治上的最高成就。在人际关系的处理上、中国人喜欢和平相处，不喜欢与人争执，认为"中庸"是处理人际关系的最高标准。因此，地理环境对传统文化的影响的巨大而深远的、我们应当充分了解中国的地理环境，因地制宜，使传统文化延续和发展下去。

三、经济基础

（一）农耕自然经济为主体传统

中国位于具有优越自然生态条件与地理环境的东亚大陆，这种先天的民族与文化生存发展优势，使其孕育了厚重的、以农耕经济为主体的传统经济生产形态。这种稳定的土地生产资源承载了稳定、安居的农耕社会经济。黄河流域特有的细腻、松软、肥沃的土质结构，比较适宜当时生产力欠发达的、以木石铜器为主要生产农具的农业生产。因此，黄河流域就自然而然地成为我国农耕文明最早的发源地。由于农业最先在黄河中下游得到较为迅速的发展，坚实的经济基础必然使这一地区成为我国远古时代社会经济、政治、文化发展重要繁荣区域。随着社会生产力的逐步发展，牛耕和铁质农业生产工具的大量普及与使用，使得中国古代社会原有的主要农耕区域逐渐向长江流域扩展，在秦汉时期完成了中原政治权力的大一统更是为古代中国农耕区域的不断向南扩展提供了稳定的政治保证。由于北方的少数民族势力日渐崛起,东汉以后的数百年间,边患危机日趋严重,战争不断,中原农耕人口不断南迁,主要遍布长江中下游甚至东南沿海一带。加之我国南方拥有比较优良的自然生存条件和良好的生态环境,蕴藏着传统农耕经济发展的巨大潜力,让中国传统农耕区域重心逐步从原来的黄河流域逐步南迁到长江中下游、江南地区,社会经济基础得以不断扩充。从唐宋流传甚广的"苏杭熟,天下足""湖广熟,天下足"这些古谚语中,充分反映了我国古代经济、政治重心在五代十国以后南移的历史现实。

中国的农耕经济不仅包括农业生产,还包括手工业、商业等方面的经济成分。司马迁在《史记·货殖列传》中记载:"待农而食之,虞而出之,工而成之,商而通之,此宁有政教发征期会哉!人各任其能,竭其力,以得所欲。……农不出则乏其食,工不出则乏其事,商不出则三宝绝,虞不出则财匮少,财匮少则山泽不辟矣。此四者,民所衣食之源也。"中国传统农耕经济的包容性,其内部发展空间得到不断扩充,使得它能够不断适应时代的发展,保持内在的再生力,从而推动了中华农耕文明的绵延不息。但在以传统农耕经济为主体的社会里,传统商品经济的出现,弥补了农耕经济的不足,满足了中央集权的需要,这一先天的依赖性,导致它缺乏独立发展的性格与自主性,加之历代朝廷推行"重农抑商"基本国策,从而使封建商品经济对封建社会和农耕经济极具依附性。封建商品经济对于农耕经济的依附性,造就了中国封建社会地主、商人和官僚三位一体,最终以土地经营为最终归宿,从而扩展了农耕经济的内涵结构,这种成熟、稳固的封建经济结构,使得中国封建社会具有一定的保守性和坚固性,所以在封建社会末期的明清之际,中国的资本主义生产方式难以产生,难以发展壮大。

(二)中国传统自然经济对文化发展的影响

农耕经济持久而绵延的发展,是我国传统自然经济的显著特点。中国历史自夏、商、周三代以来,经历了战乱与稳定的一定周期性的运动,其间不断因王朝的更替而出现了短暂的国家分裂,尤其是时有少数民族入主中原,中原农耕社会经历了太多次严峻考验,这种短暂的分裂开启了周而复始的社会经济循环式复苏和进步,使农业自然经济得以长期延续,同时更增进了中华民族和中国传统文化的坚韧性和向心力,使得这种文化传统经受住了种种外来势力的干扰。中国版图幅员辽阔,加之中国封建社会的农耕经济的多元成分结构,造就了中国传统文化具有兼收并蓄的包容性。所以,中国的内部又形成了不同的、独具特色的多元的区域文化,古代传统农耕经济不断向周边的扩展,使得包容性的传统文化特色又加速了区域文化之间不断地相互吸收、相互融合,并最终渐趋合一。这种强大的包容性,使传统文化在发展过程中,不断地扬弃吸收诸如佛教、耶稣教等外域文化,从而形成自身独特的、博大精深的文化特色。

中华民族独特的文化特色除受特定的地理环境、特殊的经济状况和外来因素的影响外,还有一个非常关键的影响因素,那就是独特的社会政治结构。

四、社会结构

中国古代一直都被称为"宗法社会",宗法社会,就是用管理宗族的方式来管理社会。宗法社会有一个标准结构,就是家国同构。

(一)宗法制度

宗法社会是指由宗法关系主导的社会类型。在宗法社会形态中,一个极为显著的特征便是"血缘关系",其在维护社会秩序方面发挥着决定性作用。宗法制形成以血缘关系纽带联结而成的宗族自治体中,这种血缘宗族自治体不仅是一种社会关系,还是一种政治组织,它有一套组织形式,并有维护这种组织形式的一套法规,严格规定辈分、嫡庶、长幼、主从的等级秩序。具体而言,宗法社会具有三个突出表现,

其一,实行父系世袭制度,并由嫡长子来负责继承和祭祀。

其二,通过分封制来将宗法关系具体落实,进而实行"封邦建国",形成宗族共治的政治形态。

其三,建立极其严格的宗庙祭祀制度,从而达到尊祖敬宗的目的。我们能够看出,宗法社会是一个典型的贵族社会,在宗法制社会中,整个政治生活的"神性色彩"大为减轻,政治社会的世俗化特征显著提升。

皇帝的家族来继承国家的统治权,而对于国家内的每一个单元家来讲,在形式结构上和文化原理以及法秩序上也存在着相同的模式,即"家国同构"。家国观念的模式是来源传统的中国社会,古代中国庶民的生活单位是"家",国家对于社会的管理的也多以"家"为单位,如一家庭为单位来征收税赋。

1.形式结构的同构

家是一个整体,在传统中国的家庭系统单元内,可以笼统分为两个身份,家长与家人,父亲作为一家之主,家人要对家长服从,即子女要对父亲孝敬,妻子要对丈夫服从。国家范围内,同样的可以分为君主和臣民两大类身份关系,君主是国家的主人,臣民和百姓要对君主忠诚。综合看来,传统中国的国家与家庭,

在结构上整体上各自是一个单元,在内部则是存在两类身份关系,家庭内部是家长与家人各自为一元,国家内部则是君王与臣民各一元。除此之外,还存在着服从与被服从之间的关系,家人服从于家长,而臣民忠于君王,在家庭内部,家人都是服从于家长,但仍有区别,如丈夫与妻子之间是尊卑关系,父亲和儿子之间则是慈孝关系;同样的,君王与臣民之间也有上下之别,仁忠之分。其实这便是张中秋所主张的家庭观与国家观在结构上具有一体两元主从式多样性的相同。这便说明了,"国"与"家"在各自的系统内部形式结构上是同构的。

2. 文化原理的同构

伦理道德包括家庭伦理和国家伦理,二者的核心分别是"孝"和"忠"。除了家庭与国家形式结构相同外,他们内部的也存在着"忠孝一体"的理念。《礼记·祭统》说:"忠臣以事君,孝子以事其亲,其本一也",忠臣侍奉君王与孝子侍奉父母的本质是一样的。孟子将人际关系归纳五种,他说:"父子有亲,君臣有义,夫妇有别,长幼有序,朋友有信。"其中父子关系与君臣关系居于"五伦"的前两位,一方面,在古代的宗法血缘社会中,父子关系是家庭伦理关系的基础,父权家长制的制度的存在是前提;君臣关系属于政治关系,政治等级制度的存在是前提。另一方面,家是小的国,国是大的家,君与臣也能比拟为父与子,"君臣有义"紧随于"父子有亲"之后,可见"君臣有义"是比照"父子有亲"而来的。"父子有亲"要求父子之间亲爱有加,便是父亲对儿子要慈爱,儿子对父亲要孝顺,"君臣有义"要求君王与臣子之间要有礼仪秩序的差别,遵守尊卑秩序,这种尊卑秩序就是君王要对臣子仁爱,臣子要对君王孝忠,体现的便是"孝"和"忠","忠"由"孝"转化而来。在封建社会,"孝"是家庭内部首要的伦理思想,"忠"是国家首要的伦理思想,二者都发源于道德,属于礼的范畴,所以,古代思想家在谈及"忠孝一体"以及"移孝于忠"的思想是具有内在的逻辑,并非是空谈,是有着具体伦理基础为支撑的。在家庭内部,家长和家人是家庭内部的核心成员,彼此之间是服从与被服从的关系,家庭内部核心伦理是"孝",是儿子对于父亲的敬顺;在国家层面,君王和臣民是核心成员,彼此之间也是服从与被服从的关系,它的核心伦理是"忠",是臣民对于君王的忠诚。"孝"与"忠"又是相连的,儿子基于对父亲威严的尊敬的"孝"而转化为了臣子对君王尊敬的"忠"。"孝"和"忠"的同构,这便是"家"与"国"在文化原理上的同构。

3. 法秩序的同构

从各个古代亲属称谓的含义,可以了解到古代的家与国是一种家国同构的模式。结构上,家庭内的家长与家人对应国家内的君主与臣民,家庭遵循的家礼对应国家的国法。秩序上，家法与国法都是礼的产物，家法是在家庭范围内，对个人做出要求，它重点在孝。而国法是在国家范围内，对整个社会做出要求，它在强调孝的同时重点在忠，其规范表现出强烈的国家政治色彩。所以，国法与家法的关系不是对于家法忠宗法血缘伦理的简单复制，而是一种拟制。

古代中国的法秩序是与古代中国社会相对应的。在中国这一乡土社会中，社会的基本单元是家，诸多的家族组成了村落，诸多的村落组成了州县乃至国家。在家庭内部以家法族规来约束家庭成员，在乡村中也以乡规民约来规范村民百姓，于国家范围则有国法约束国家的每一成员。这样看，从家法族规到乡规民约再到国家法律，便是一条法秩序的链条，家法族规则是家庭内百姓所遵守的最基本的秩序，国家法律是链条中效力最高的秩序，这意味着国家法律相比于家法具有更高的法律效力和位阶。在家族内部遵循家礼、国家遵循国法，这必然使得内外对于纠纷矛盾的解决不完全相同。家族内部存在家族司法、宗族调解的纠纷解决。国家存在国法司法官府调处。国法所禁止的事项，在家法中也不被允许，国家法律的目的是维持中央及地方秩序，家法的目的是维持家庭秩序，宗族的稳定是社会稳定的基础，家法和谐稳定才能使得维护社会的稳定与发展，可见家法与国法在追求和谐稳定的理念上是一致的，而在宗族家庭内部通过宗族调解以缓和协商的方式，将宗族矛盾化解在基层，其适应于统治者的需要，在不破坏宗族和谐关系的基础上又妥善解决了纠纷。因此，在家庭亲属之间发生纠纷时，存在着公权益与私权益之间的利益平衡，即存在着多种行之有效的亲属纠纷解决机制。

（二）系统、严密的专制主义

在中国文明社会到来之前，我们与其他历史悠久的古代国家一样，都听命于自然的安排。但当我们在踏进文明社会的时候，就走上一条与众不同的发展道路，统治者凭借武力比较顺利地夺取并强化了自己的专制政权，形成了自己的权力核心，使曾经发达的宗教统治为武力统治所征服。中国古代皇权政治从建立之初就没有形成与之相抗衡的政权组织，随着社会的不断发展，封建专制统治日渐趋于完备与严密，这种专制统治以农耕经济和传统手工业的自然经济为基础，奴隶主阶级和地主阶级对奴隶与农民实行绝对的专制统治。在中国古代社会，统治阶级对传统工商业和手工业贸易基本都采取抑制的政治态度，"重农抑商"就是我国古代社会的历代统治者所秉持的基本国策。自国家诞生之日起，尽管我国经历了奴隶社会、封建社会两个不同的统治阶层，但他们却都采取了一脉相承的专制体制，尤其是封建地主阶级，它的政治专制统治不仅时间特别漫长，而且呈不断强化的历史发展趋势。在中国漫长的历史发展过程中，一脉相承的专制制度和以血缘关系为特征的宗法制度的紧密结合，形成了一种中国古代特有的"家国同构"社会政治结构，恰恰是这种独具特色的封建社会政治结构对传统文化的发展产生了深刻的影响。

（三）传统社会政治结构对中国传统文化的影响

中国古代历史的发展脉络就是从奴隶社会开始的以血缘关系为纽带的家庭、家族、国家发展史，不断从家族走向国家，最终形成了古代中国特有的"家国一体"的政治统治格局，对文化也有深远的影响。中国传统文化从春秋开始就奠定了重现世、重人伦、重人际和谐的文化精神，强调将个体的努力发展与国家民族的发展统一为一体，强调了人的社会责任与历史使命。

宗法性的社会结构导致了中国传统文化的伦理型范式。这种伦理型文化使中华民族形成了强劲的、极具感召的民族凝聚力，这足以使中华民族在每次遇到民族危亡的巨大挑战时，都能经受住考验；这种伦理型文化使得国人普遍注重自身的道德修养，使中国成为举世闻名的礼仪之邦。但同时这种伦理型文化所包含的三纲五常的伦理说教、"存天理，灭人欲"等内容成为中国传统文化健康发展的明显阻碍。高度集权的君主统治，导致中国传统文化极具政治型文化范式。这种政治型文化使得整个中华民族具有强烈的整体统一意识和国家利益至上的价值取向，对中华民族和民族文化有极大的认同感，如文人学士的经世致用思想，以天下为己任、胸怀家国天下，但与此同时，它又包含浓厚的权利盲从、心理服从等心理意识，缺乏创新意识和自信心等。宗法与专制的紧密结合的社会政治结构使中国传统文化具有浓烈的伦理型和政治型特色，社会个体在追求自身道德修养、追求"内圣外王"的同时，以修身、齐家、治国、平天下为自己的人生理想和价值追求，并自觉践行于日常生活中。这种传统文化以小农自然经济和封建宗法专制作为它发展、创新的坚实基础，从而形成了一个结构严密的文化体系。

第二节 传统文化的发展历程分析

中华文明诞生在黄河中下游平原地区，这里地势平坦、水草丰美，灌溉方便，利于农作，所以这里的先民很早就进入稳定发达的农耕文明时代，《荀子·王制》中描述的"春耕夏耘、秋收冬藏"，以及西晋皇甫谧在《帝王世纪·击壤歌》里形容的"日出而作、日落而息。凿井而饮，耕田而食"的农耕生活特点，有利于中国人形成特有的文化性格和思想观念、文化价值观。

这种长期稳定的农耕生活,从对人与自然关系看,酝酿产生了天人合一、民胞物与等哲学思想观念;从人与人的关系看,酝酿产生了守望相助、仁民爱物等道德观念;从社会政治角度看,酝酿产生了家国同构、顺天应人等政治观;从进取性格的方向看,酝酿产生了自强不息、开物成务等文化精神;从守成性格的方向看,农耕文明酝酿产生了俭约自守、居安思危等道德精神;等等。这些文化精神、哲学思想、道德价值观以及社会政治观等作为对中华民族历史上生产生活的意识反映,就是中华传统文化。

公元前 221 年前,中国建立了第一个"大一统"的秦王朝,其历史意义尤为深远,帝国的"大一统"政治理想,逐渐成为中国文化的基本政治价值观。与这一过程相伴随,黄河流域的农耕文化与北方民族的游牧文化,经常处于交锋交流状态而最终走向融合,同时中国文化与东亚其他国家的文化传播交流也日益发展。在经过漫长演进的历史后,这种富有农耕性格的文化,最终形成了特色鲜明、姿彩特异的中华传统文化。

中华民族的传统文化,在经历了遥远而悠久的原始社会酝酿和萌发过程后,经历了远古时期的开端、夏商至宋元的繁荣、明清时期的衰落和近现代的发展。

一、传统文化发展历程

(一)远古中华文明孕育传统文化开端

在中国古代神话传说中,盘古开天辟地,创造了人类世界,以炎、黄两族为代表的原始氏族部落经过融合发展,成为华夏民族,炎帝和黄帝作为中原部落的两位首领,被认为是中华民族的人文始祖。这些传说经过古代学者的文字加工体现在古代典籍之中,如《史记》就从黄帝开篇叙述中华历史,"黄帝者,少典之子,姓公孙,名曰轩辕。生而神灵,弱而能言,幼而徇齐,长而敦敏,成而聪明",这些传说开启了中华优秀传统文化的人文开端。

从考古学的视角看,在文字产生以前的远古时期,广袤而富饶的中国大地孕育了人类的起源。从元谋人、蓝田人,到北京山顶洞人,构成了一个从猿到人的完整演进轨迹,中华古代文化就在这一过程中逐渐萌生并发展起来。火是在人类生产生活中极其重要的能源,恩格斯认为:"就世界性的解放作用而言,摩擦生火还是超过了蒸汽机,因为摩擦生火第一次使人类支配了一种自然力,从而最终把人同动物界分开。"此时的文化也可以从对火的使用角度进行探寻。据历史考证,距今50万年的北京猿人已经掌握了火的使用,能够保存从自然界获取的火种。在仰韶文化半坡村遗址中,历史留下的痕迹诉说了当时原始先民农作、狩猎、制陶、彩绘、音乐和舞蹈等丰富的生活内容。随着历史的演进与文化的传承,不仅陶器更加精美,还出现了如冶铜、酿酒、制玉、雕刻象牙等新技术,这些物质文化发展成果体现了人类智慧的积累和文明的进步。

从思想文化角度看,远古时期也蕴含着精神文明的萌芽。在当时的生产力和人们的认识能力条件下,古代先民对大自然、祖先、图腾产生了质朴的崇拜,自然崇拜的对象包括自然的日、月、山、川、风、雨、雷、电等。在古文化遗址出土的陶器等物品上,经常能够发现太阳图形的纹饰,表达先民对自然的敬畏。祖先崇拜、图腾崇拜反映了人们对自身起源的探寻,是较为高级的具有宗教色彩的崇拜形式。出于对生命繁衍、灵魂归处的关注,祖先崇拜成为中华传统文化的重要内容。伴随这些图腾崇拜思想文化萌芽的形成,这一时期的人们还通过结绳、契木、绘图等方式记事,在诸多文物遗迹上都能找到笔画工整的刻画符号,这些符号被认为是中华文字的最早图像。总之,中国远古时期的文化从萌芽一路走来孕育出辉煌灿烂的中华文明,成为中华优秀传统文化的重要开端。

(二)古代历史演进推动传统文化繁荣兴盛

据考证,公元前2070年,大禹建立中国历史上第一个王朝——夏。这标志着中国走出了原始社会,进入了中华传统文化产生和发展的全新时期。目前发现的商周甲骨文、金文中,以文字形式佐证了这一时期人民以"天""天帝"为主体的信仰,宗法礼制为代表的社会规范,以及以阴阳五行学说为代表地对自然的归纳方法与抽象思维。公元前722年,中国进入了大变革、大动荡的春秋战国时代。从这个具有里程碑意义的时期开始,"中国传统文化,尤其是作为其核心的思想文化的形成和发展,大体经历了中国先秦诸子百家争鸣、两汉经学兴盛、魏晋南北朝玄学流行、隋唐儒释道并立、宋明理学发展等几个历史时期。"

中国古代的春秋时期,社会急剧变革,现实与理想的冲突,激发了当时知识分子的创造力,他们运用丰富多元的素材,创造了气象恢宏、影响深远的百家争鸣局面,产生了包括儒、墨、道、名、法、阴阳、农、纵横、杂、小说在内各有建树的百余家思想,而真正对此后的中国历史产生极为广泛而深刻影响的学派主要是倡导"仁者爱人"的儒家、以"道"为思想核心的道家、将"变法"作为思想主题的法家、主张"兼相爱、交相利"墨家。这些对人类文明具有突破意义的思想文化虽然各具特点,但共同推进了中国古代对"天人关系"的思考,综合辩证地论述了宇宙、自然、人类间共存与发展的法则，在这一过程中诞生了丰富的价值理念、教育思想、道德伦理、政治主张等，成为中华民族思想理念发展的源头。

这一时期，在人的地位上，儒家认为在四方宇宙中，人处于最高位置，从而将人定位为国之根本。如荀子将人与水火、草木、动物进行对比，认为在六合天地间，人具有特殊的作用，是最为可贵的。道家中老子也肯定人的地位，他说："道大、天大、地大、人亦大。"这就将天、地、人三者联系起来，把人也看作是自然系统中不可或缺的要素。在人的作用上，人具有主观能动性，能够"赞天地之化育"，与天地"相参"。虽然古人有"敬畏上天"的精神信仰，但对天并不是盲目迷信，而是顺应自然为人类所用。荀子所说："制天命而用之。"就是这个意思。人是天地化生的最高物种，能够以诚充分实现自己的天性，进而帮助万物淋漓尽致地展现禀赋，自立于天地之间。在对人的理想人格塑造上，君子品格是这一时期的人们所向往拥有的，"礼乐政刑"是理想人格塑造的主要方法。何谓君子？《礼记·曲礼》曾说："博闻强识而让，敦善行而不殆，谓之君子。"何谓"礼乐政刑"？"礼"以"仁"为内涵，是"仁"的外在呈现方式，主要通过对自我的约束来提升自己的道德涵养。《周礼》《礼记》《仪礼》三部典籍记录了人们日常的行为规范以及婚丧嫁娶等礼仪步骤。"乐者，天地之和也。"儒家认为音乐有促进自然、人心、社会之和的功能。《尚书·舜典》所说"八音克谐，无相夺伦，神人以和。"出神入化的音乐旋律美妙无限，自然可以与天地自然相通，教化人心进而推至社会群体，促进社会和谐。而"政"侧重于治国理政方面，强调为政者的榜样作用，但人性也有恶的一面，只靠前三者远远不够。"刑"就是惩恶扬善的重要手段，"刑"不仅指的是刑罚，也指法制教化，法家是主张刑罚与法治的代表，如韩非子认为品德是难以平天下的，只有威严和权势可以禁止暴乱。儒家也融合了法家的思想，将德与法相统一。中华优秀传统文化就是通过"礼乐政刑"的方式，教化百姓，培养泰而不骄、和而不同、贞而不谅的君子人格。

公元前221年，第一个君主集权的统一帝国——秦王朝建立，标志着中国历史进入了"书同文、车同轨"的新阶段。到了汉代，中华文化在集权统一的政治体制下，得到了多方位的丰富发展。思想方面，两汉经学推动了儒学的发展，自董仲舒向汉武帝建议独尊儒术以来，经过改造的儒学被定为历代统治者认可并奉行的官方哲学，儒家思想在当时的社会环境下得到了全方位的提升，占据了统治地位并延续了两千余年。汉代史学著作《史记》《汉书》《七略》等，为我们追溯历史，探寻古代思想提供了丰富的史料。在文学艺术方面，文学作为具有深刻内涵和代表性的文化表现形式，在汉代取得了突出成就。辞藻华美、气势宏阔的《吊屈原赋》《七发》《子虚赋》等汉赋佳作，语言质朴、流传甚广的《东门行》《十五从军》等乐府民歌，文采飞扬、鞭辟入里的《过秦论》《治安策》《说苑》等汉代散文都是蕴含丰富传统思想的文化瑰宝。

随着汉朝的瓦解，中国历史进入了三国、两晋、南北朝时期。这时，政治的动荡使社会批判思潮涌现出来，人们需要重新审视人生理想与社会发展，因此儒学的独尊地位受到动摇，而以《老子》《庄子》《周易》为主要经典，融合了儒学与道学的玄学思想应运而生。玄学思想超越了伦理道德、政治主张的范畴，以探索理想的人格、认识宇宙的本质为中心课题，崇尚清新理性的抽象思辨，对中华传统文化的思想风格产生了较大影响。同时，这个继春秋战国之后又一充满分裂与战乱的历史时期也带来了思想与文化的交融发展。一方面，北方劳动人民南迁推进了南北经济与科技的发展，促进了文化与思想的交流与解放，带动了不同民族的自然融合；另一方面，外来的佛教思想与本土的道教思想促使中华文化不断展现前所未有的风采。总的来看，这一时期的中华文化初步呈现出儒、佛、道三家并立的文化格局，积累了更加绚烂多彩的诗、书、乐、画艺术作品，产生了具有中国气韵的天文历法、数学医学、农学地理学等自然科学。

隋唐时期，国力更加强盛、社会思想开放，是中华传统文化传承演进的鼎盛时期。此时的佛教在不断传播过程中日趋本土化，产生了天台宗、法相宗、华严宗和禅宗诸多宗派，对中华传统思想文化的发展产生了重大影响，成为古代中外文化交流的重要标志之一。唐诗、散文、绘画、书法、史学等多方面的辉煌成就证明了其在思想文化方面所达到的前所未有的高度。从多元化的民族融合角度看，在唐朝大一统的局面下，南北文化合流，各民族之间的文化交流越加频繁，关系更加密切，多民族交融的特点也表现得更加突出，文学、绘画、音乐及社会生活各方面都受到少数民族文化的影响，呈现出多姿多彩的新面貌，形成了兼容并蓄、百花齐放、星汉灿烂的宏大气派和繁荣景象。

经过五代十国的分裂与割据，宋朝的建立实现了局部统一，与辽、西夏等游牧民族形成对峙格局。在哲学思想领域，理学的形成与发展成为宋明时期的重要标志，理学思想积极吸收了佛教的一些观念并逐渐发展壮大，扭转了隋唐儒学逊色于佛学的状况。其思想具有突出的思辨特征是一种完备的哲学体系，此外还蕴含着丰富的宗教和道德思想，伦理道德是其思想核心。推崇"天理"的绝对地位，主张"存天理、灭人欲"，强调通过"正心""诚意""修身"的道德自觉，约束个人欲求以达到理想人格的价值构建与实现。这些带有禁欲主义色彩的理念，对于中华民族养成注重德性情操、注重人格气节、注重历史使命，以及注重社会责任的文化性格起到极大作用。随着社会的发展与思想的演进，到了明代，程朱理学受到批判与挑战，以王阳明"心学"为代表的主观唯心主义高度发展，这一学说主张"致良知""心即理"，激发了人的主观能动性，有力地冲击和突破了日渐僵化的理学思想。宋代以来，少数民族的游牧文化与农耕文化在政治的激烈冲突中深刻交融，少数民族积极吸收汉文化的营养日益发展壮大，尤其是以彪悍风格著称的蒙古族一度入住中华，在专制统治中，提高了儒学的地位，推动了以元曲为代表的文学艺术的发展，宋元时期的文学成就也成为中国文学史上最珍贵的遗产之一。

两宋时期的文化发展代表着中国传统文化达到了成熟，在我国整个文化长河中达到了极致。其中，宋明理学扬弃继承了先秦儒学，在中国哲学史上具有高屋建瓴的作用。之所以这样说，是因为宋明理学相对于先秦汉唐儒学，更加注重从形而上、本体论的角度去讨论，超越了原始儒学。从天道观上看，宋明理学形成了系统的宇宙本体论，又在此基础上将其理论引入人类社会，将伦理纲常进行了本体论的升华，成为人们遵循的理论依据，同时也弘扬了主体的能动性，以此增强了世人对儒学的认同，对于缺少心性讨论的原始儒学是一大补充和发展。除此之外，两宋时期的文学艺术、科学技术也得到了极大的发展。

（三）封建社会没落传统文化由盛转衰

明清之际，封建君主专制下的中国社会逐渐从鼎盛走向衰落，资本主义开始萌芽。随着社会生产力的发展，生产关系出现变化迹象，思想文化敏锐捕捉和深刻体现了社会的变革。一方面，这一时期集中出现蔚为大观的《元史》《明实录》《明史》等史学著作，明成祖的《永乐大典》、清圣祖的《康熙字典》、乾隆的《四库全书》等大规模官修典籍，以及李时珍的《本草纲目》、潘季驯的《河防一览》、徐光启的《农政全书》、宋应星的《天工开物》、徐霞客的《徐霞客游记》、方以智的《物理小识》等科学技术巨著，都标志着经过数千年的积淀趋于成熟的中华传统文化进入历史总结的集大成阶段，也从一个侧面展现了当时人们的文化自觉与自信。另一方面，随着历史与社会的发展，空谈心性的空疏之学在思想领域受到排斥，具有市民反思批判意识的早期启蒙思潮兴起。这一时期著名的思想家，如黄宗羲、顾炎武、王夫之等人，开始对当时的官方文化——程朱理学发起挑战，反对文字狱等思想文化专制，批判锋芒直指专制君主，为当时社会注入了经世致用的实用主义风气。

文学艺术创作方面也出现了反映民间生活情趣的市民文学，书画作品等充分反映了城市经济发展和资本主义生产方式萌芽这一社会现实。然而，受到落后的物质生产方式和社会制度的制约，历经千年发展的传统文化最终还是伴随着封建社会极权统治的衰落一同走向下坡路。当时的统治者和大多数知识分子，沉醉于历史上辉煌的文化成就，盲目自信，拒绝开眼看世界。而此时的西方已经轰轰烈烈地进行了从根本上改变世界面貌的工业革命。最终，西方列强以其坚船利炮拉开了中国近代史的序幕，进入半殖民地半封建主义社会阶段的中国也随之跌入了历史低谷，开始了在衰落中探寻蜕变与新生曲折历程。这条百转千回的中华文化复兴之路，直到中国共产党成立后才重新清晰、明确起来。

经过近百年的奋斗，中国不仅实现了民族的解放，还实现了思想文化的独立自主、创新重生。在新时代，中华优秀传统文化已经成为中国特色社会主义文化发展的核心基因与沃土，必将重新绽放出举世瞩目的绚丽光彩。

（四）中国共产党领导下的发展

1. 马克思主义与传统文化的初步结合

马克思主义传入中国后，中国共产党人将其与中国实践和传统文化进行了创造性融合，使其成为我国的主流意识形态。而我国主流意识形态自成型以后，一直决定着中华传统文化的传承弘扬的基本方向。但并不是在每一个时期，中华传统文化的传承弘扬都充分坚持了马克思主义的立场、观点和方法；也并不是在每一个阶段，中华传统文化的传承弘扬都是科学的。主流意识形态建设视域下中华传统文化的传承弘扬，有经验也有教训。对于经验，我们要努力汲取；对于教训，我们要尽力避免。

2. 新中国成立后至改革开放前

新中国成立以来，中华传统文化的传承弘扬是以一定的形式与内容展开为现实的，其传承弘扬模式随着我国主流意识形态的建设实践形式与内容所表现出来的差异而不断演变，这导致了中华传统文化在我国主流意识形态形成与变迁的历史过程中，呈现出不同的发展路径和发展模式。新中国成立以来意识形态建设传承弘扬中华传统文化的历史进程，既是一段马克思主义时代化的历史，也是一段文化创新的历史，更是一段传承弘扬中华传统文化的曲折化历程。

伴随着新中国的成立，消解旧主流意识形态、塑造新主流意识形态成为思想文化领域的第一重要任务。这一时期，意识形态建设的主要任务是确立马克思主义及其中国化的最新理论成果为我国的主流意识形态，中国共产党对中华传统文化的基本态度是"取其精华、弃其糟粕""批判继承"，对传承弘扬中华传统文化的路径进行了探索。

这一时期，中国共产党确立了马克思主义的主流意识形态地位，形成了我国的主流意识形态。在对待中华传统文化的继承与创新上，明确提出了"取其精华、弃其糟粕"的理性认识，对中华传统文化的传承弘扬给出了明确的态度。从实质上说，这一时期，重点在于以马克思主义为武器来清理旧文化，是一个以政治批判为里、以文化批判为表的意识形态灌输过程，在对中华传统文化的批判式继承中，巩固了马克思主义在意识形态领域的指导地位。

3. 改革开放至党的十八大

十一届三中全会以后，意识形态建设以社会主义市场经济为背景进入了崭新的阶段。这一时期，是中国特色社会主义理论体系引领下文化建设异常繁荣，"传统文化热"兴起的时期，也是着力提升中华文化软实力、展示中华传统文化历史魅力的重要时期。

总之，在这一时期，我国主流意识形态建设进入了理念上的创新阶段，重新确立了实事求是的思想路线，全面推进了我国社会主义现代化建设，实现了我国主流意识形态的时代化发展。坚持"取其精华、去其糟粕、古为今用""为我所用、辩证取舍、择善而从"，将中华优秀传统文化完美地融入治国方略与主流意识形态之中，给中华优秀传统文化的传承弘扬带来了新的契机，使其展现出广阔的前景。

4. 党的十八大至今

新时代，以习近平总书记为核心的党中央既高度重视意识形态工作，也强调传统文化的创新式传承，将中华传统文化精髓融入"四个全面""四个自信""美好生活"等发展理念中，以国家发展、社会和谐和人民美好生活塑造为目标引领，努力推动着中华优秀传统文化的创造性转化和创新性发展。

这一时期，在意识形态建设上，我国进入了一个崭新的阶段，将马克思主义发展观和中国特色社会主义相结合，提出了"五位一体""四个全面""一带一路"等倡议，提炼出了"三个倡导"，提出了"新发展理念"，并以"中国梦""美好生活"等理念实现了个体价值与集体利益的辩证统一，开创了意识形态工作的新局面。在对待中华传统文化的继承与创新上，以习近平总书记为核心的党中央反复强调传统文化问题，对中华优秀传统文化给予了高度重视，将其整合入意识形态建设及经济社会发展大局中，努力推动着中华优秀传统文化的"创造性转换与创新性发展"。

经过近百年的奋斗，党带领中国人民不仅实现了民族的解放，同时也实现了思想文化的独立自主、创新重生。在新时代，中华优秀传统文化已经成为中国特色社会主义文化发展的沃土，必将重新绽放出举世瞩目的绚丽光彩。追溯历史文化发展的脉络，我们能够深切认识到：中华民族的精神血脉薪火相传，具有生生不息的强大生命力；优秀的思想价值理念已经融入每个中华儿女的内心世界，成为共同的精神家园；中华文化的繁荣昌盛增强了民族文化自觉与自信，也为世界文明宝库增添了宝贵的文化财富。以中华优秀传统文化穿越千年历史演进的脉络为基础，我们要更加深刻地认识民族自我，更加珍惜当前取得的历史性成就，更加坚定地沿着中国特色社会主义道路前行。

二、中华优秀传统文化的基本走向

中华优秀传统文化并非是民族文化随着时间推移简单叠加累积的成果，而是作为一个不断演进的整体，紧密地联系着过去、现在、未来的连续性、流动性的存在，其自身的历史性、民族性、时代性在传承发展过程中形成了辩证统一，并汇聚为前行的趋势，形成了文化延续的基本走向。

历史上的中华优秀传统文化，海纳百川，兼容并蓄，在交流融合中发展繁荣。中华优秀传统文化在中华民族的远古时期开始孕育而生，传承至今。它始终保持了海纳百川的开放胸怀，接纳融合生活在同一片土地上的诸多少数民族文化，展现出向心力与包容力。从中华民族和中华优秀传统文化的形成过程来看，夏、商、周时期无论从人口分布，还是从国家版图上都远远小于其他朝代，仅仅占据中原一隅。四周环绕着许多武力强悍、文化发展较为落后的民族部落，在这之后，中华民族不断发展壮大过程中还出现过辽、金、蒙古、满族等少数民族的先后兴起，但经过长时间的碰撞、交融，这些部落、民族都逐渐被中华文化的丰富内涵和强大魅力所吸引，自觉地接受中华文化的改造并主动地融入中华优秀传统文化。战国时期赵武灵王胡服骑射就是文化互鉴与融合的例证。

以汉代开始传入的佛教文化为例，佛教传入之初带有明显的外来文化特征传入中国后，在翻译经书过程中，中国传统文化就自觉地开始了对其的本土化改造，这才使其在隋唐时期有较大发展，即便如此，佛教仅剩的外来特征最终也在宋朝理学的发展过程中被彻底吸收和融合，由此可见中华优秀传统文化对异质文化始终保持了高度的融通性。可以说，正是以开放包容的胸怀不断将外来文化柔化、转化、融入自身的体系之中，才使中华优秀传统文化呈现出更加丰富的色彩。

此外，由于四周的天然屏障，中华传统文化在自身在独立、稳定的发展过程中繁荣兴盛，长时期处于周边国家的中心地位，逐渐形成了影响朝鲜半岛、日本列岛、中南半岛和东南亚各地的东亚文化圈，在地域间的文化互动中，中华优秀传统文化得到进一步丰富拓展，同时也由近及远带动了周边国家，乃至亚洲文化的发展演化。元朝时期，蒙古族跃马扬鞭、武拓天下，建立了拥有横跨欧亚大陆的帝国，在实际上开始了自汉代以来中国同西方和北方国家间的沟通，这使指南针、造纸术、印刷术、火药、历法、数学、瓷器、茶叶、丝绸、绘画、园林艺术、经史典籍、文学诗歌等中华优秀文化中积淀的最杰出的思想与科技成就更加广泛地向世界传播，为西方哲学思想、文化发展、技术创新注入了新的活力；同时，国外的思想文化、先进科技，如处于世界领先水平的阿拉伯天文学、数学等，也先后进入中国的科技文化领域，促进了中华传统文化在新一轮的博采众长中实现融合发展，出现了《授时历》《几何原本》等新的文化成果。

经历了鸦片战争惨痛失败，中国一步步沦为半殖民地半封建社会。在这一个过程中，无数爱国仁人志士一边探索救亡图存的道路，一边反思中国何以积贫积弱至此。于是，近代以来的中国从"三千年未有之大变局"的政治剧变开始，先后经历了农民反抗运动、以"富国强兵"为目标的洋务运动、谋求制度层面改革的维新变法运动和推翻清朝封建统治的辛亥革命，但均未能打通中国摆脱西方帝国主义侵略，独立自主走向现代化发展的道路。因此，"政治上的剧变，酿成思想的剧变，又因思想的剧变，至酿成政治上的剧变。前波后波辗转推荡"[1]，1915年，以《新青年》的诞生为标志，一场由陈独秀、李大钊等新一代知识分子发起的声势浩大、影响深远的新文化运动掀起了反对封建专制及其思想桎梏的启蒙浪潮。

1919年5月，在中国大地上爆发了五四运动，它为新的革命力量、革命文化、革命斗争登上历史舞台创造了条件。1921年7月，中国共产党成立后不仅担负起了带领全国人民争取民族独立的革命任务，同时也肩负起了复兴中华优秀传统文化的使命。自觉成为其传承者、弘扬者和建设者，在领导全国进行革命、建设、改革的过程中以科学的马克思主义理论为指导，重视学习和总结历史经验，重视借鉴和运用中华优秀传统文化中的思想精华，不断推动其现代化。

进入新时代，党中央把中华优秀传统文化的传承与发展放在重要的战略位置上，加强优秀传统文化的阐释和弘扬，推动其创新发展和时代转化。在经济全球

---

[1] 梁启超.中国近三百年学术史[M].北京：东方出版社，1996.

化浪潮中不断变化的世界局势中，中国倡导构建"人类命运共同体"，广泛开展弘扬中华优秀传统文化中和衷共济、众志成城的理念，与世界各国携手抗击新冠疫情。一系列实践有力证明，中华优秀传统文化不仅可以为实现中华民族伟大复兴奋斗目标提供助力，也能为当今时代背景下世界的发展提供智慧和力量。

历经繁荣兴盛，曾在世界展现辉煌成就的中华优秀传统文化，在党矢志不渝的努力传承弘扬中，在科学指导思想的指引下，经受住了历史变迁的严峻考验，走出了沧桑与低潮。可以预见，作为中华民族的精神之根与思想之魂，中华优秀传统文化将在新时代，在更加宽广的舞台上彰显出无穷的精神魅力，支撑着中华民族走向现代化，走向复兴。

第三章 优秀传统文化的基本内容

本章讲述了优秀传统文化的基本内容，主要包含两个方面的内容。第一节分析了优秀传统文化的内容，第二节分析了优秀传统文化的特征。

第一节 优秀传统文化的内容分析

关于中华优秀传统文化的核心内容，学界呈现出不同的观点。张岱年认为，对于人生基本问题的思考是中华优秀传统文化的核心观点，包括人生价值、意义以及人生理想的回答，是中华文化优秀传统的精髓要义。牟钟鉴认为儒释道是中华文化的核心思想。其中，儒学是主导思想，道家思想和佛家学说都从儒家思想汲取养分。方立天认为"儒、道、佛"是构成中华传统文化最主要的三个方面，弘扬中华文化的优秀传统，最首要的任务应当是弘扬中华传统哲学。学界对于传统文化的内容的回答，都偏重于哲学内容的发掘与弘扬。

本书主要从中华优秀传统文化的核心思想理念、中华传统美德、中华人文思想、教化思想和美学思想五个方面对优秀传统文化进行深入挖掘。

一、中华优秀传统文化的核心思想理念

思想理念对中华民族思考方式、性格特点、民族品格起决定作用，同时架构起华夏人民的精神世界。伴随历史变迁，中华民族在不断地自我革新和发展进程中，孕育和形成了基本思想理念，这种思想理念既是世界观，又是方法论，不但能为人们在认识世界、改造世界过程中揭示道理、启迪方法，也可以为当代治国理政贡献其有益价值。中华优秀传统文化的核心思想理念包括"讲仁爱""重民本""守诚信""崇正义""尚和合""求大同"六个方面，为我们继承和发扬中华优秀传统文化指了方向。

（一）讲仁爱

仁爱是中国传统儒家思想的核心价值追求之一，也是中华优秀传统文化的重要内容，其内涵丰富，在中华民族思想发展史上发挥了重要的导向作用。在今天，仁爱思想不仅对培育和践行社会主义核心价值观有重要意义，而且对个人发展、社会稳定、国家兴旺乃至地球世界的生存和发展都具有极强的现实意义。

孔子在继承周公"明德""爱民"思想的基础之上，发展出"仁"的思想。仁即是"爱人"（《论语·颜渊》），"仁"的核心是爱，爱是"仁"的重要表现形式，仁爱在儒家思想中处于核心地位。儒家的仁爱是"孝悌也者，其为仁之本与"（《论语·学而》），孝敬父母，尊重爱护兄弟姐妹是儒家伦理观念的基本，但仁爱绝不仅仅局限于此，还要推己及人，爱血缘关系以外的万物。"泛爱万物"（《庄子·天下篇》）超越了人与人、人与社会的限制，还表现在人与自然的和谐关系上，"子钓而不纲，弋不射宿"（《论语》）。仁者取物有节，与万物一体，仁爱思想在家庭伦理和人际交往方面提供了良好的方法借鉴，如"入则孝，出则悌""亲亲""敬长"，在与他人交往时，要"克己""修身"。如果社会成员都能将仁爱之心推及家庭、推及社会，那社会将会和谐而又充满爱。仁爱思想也在仁政方面有所体现，君对臣和臣对君的关系是一致的，只有双方和谐统一才能保证事业的顺利进展。后世儒家还将"仁爱"的博大情怀推及自然界和整个人类社会，明确提出了"天下一家、万物一体"的思想主张，可见，"仁"是孔子心性论一个极端重要的思想范畴，是孔子儒学的核心、精神元气、灵魂和最高境界，在孔子儒学思想中占据中心位置，也奠定了儒家学说的理论基础。如果要概括中华文化最基础和最根本的思想主张和精神追求，那就是建立在"知行合一"基础之上的"爱的哲学"，不管是儒家的"仁爱"，还是道家的"博爱"，抑或是墨家的"兼爱"。西方基督教文化也讲"爱人如己"，但这种爱却是建立在"性私论"基础上的"社会达尔文主义"和"以人类为中心"的征服主义，是造成人与人、人与自然和谐人与现代文明困境的思想根源。

习近平总书记十分重视个人品德的养成，他在会见第一届全国文明家庭代表时谈到，家庭教育，最重要的是品德的教育，也就是古人说的"爱子，教之以义方""爱之不以道，适所以害之也"。同时倡导人们要尊老、爱老、敬老，大力弘扬尊老爱亲的传统美德，完善农村留守儿童、妇女、老年人关爱服务体系。倡导以仁爱思想引领乐于助人、互帮互助、关爱他人的良好社会风尚的形成，推动社会的和谐发展。他强调党员干部要德才兼备，有仁爱之心，要有仁德，要尽心尽力、推己及人、心系人民、服务人民，对于个别官员欺压群众、徇私舞弊、自私自利、滥用职权的行为予以严惩，其选人标准与古代儒家用人的智慧一脉相承。在外交方面，中国坚持与邻为善的原则对待周边国家，"己所不欲，勿施于人"反对把自己的意志强加于人，反对干涉别国内政，反对以强凌弱。中国在发展的过程中决不会以损害他国利益为代价，也决不放弃自己的正当权益。可见"讲仁爱"对于深刻理解中华优秀传统的基本精神至关重要。

（二）重民本

民本思想来自西周时期产生的保民思想，而保民思想则来自西周时期的敬天思想。殷周时期，统治者认为自己是受上天之命而称王于天下的人，是上天意志的执行者，故用天命论进行统治。西周后期，随着社会的发展和王朝的更替，统治者开始认识到"民"的重要性，出现了由重神到重民和保民的过渡。

孟子曾说："民为贵，社稷次之，君为轻。"孟子认为，在君主和社稷面前，人民才是最重要的。孟子是第一个将人民主体地位提出来的思想家，并且以"民贵君轻"的思想奠定了儒家民本思想的理论基础。民本思想是儒家思想的施政基准，孟子同样特别重视人民群众在治国中的力量。孟子说："是故得乎丘民而为天子。"认为要想当天子，就不能放弃普普通通的老百姓，正所谓心系百姓便能胸怀天下。在孟子眼中，就算是当时的"丘民"也要做到心中有数，做到爱戴人民，这才是符合天子的做法，如此才能在政治上做出一定的政绩并且能够得到人民的拥护。孟子还说："桀、纣之失天下也，失其民也；失其民者，失其心也。"同样以历史上的亡国国君为例，阐述了人民在推动社会发展以及治国中的重要地位。孟子是民本思想提出的奠基者，并且进行了系统的论证，将民本思想比较系统地阐述到为政之中，在当时能够认识到人民群众的力量，就是比较先进的思想，并且能被后世的思想家不断继承发展。

由此可见，在孟子眼中，政权的更迭，取决于对民众的态度。在孟子的思想中，就是要重视人民群众在政治中的重要地位，为政者任何时候都不能忽视人民群众的力量，这正是马克思主义哲学所强调的，人民群众就是历史的创造者。孟子认为为政的过程中，最应该看重的就是人民的重要地位，认识到民众是国家治理的基础，或者在一定程度上起着决定性的作用，君和民相比，民众才是有决定性作用的那一个。孟子的"民贵君轻"的思想在春秋战国时期确实有其历史合理性和现实意义，其"民贵君轻"的思想既是一种政治主张，又是社会道德理想，特别是对于"民心"的高度重视，对于封建统治者来说，确有借鉴意义。但是在当下，就是要借鉴其有利的部分，摒弃与时代不相符的地方，这就是当代研究和运用儒家思想最大的价值所在。孟子能够站在整体的角度，提出"民贵君轻"的历史论断，不论是在当时还是当代都具有一定的积极意义。

习近平总书记在很多场合讲，群众利益无小事，群众的一桩桩小事，是构成国家大事的"细胞"。如果为政者不能树立为人民服务的宗旨和意识，就很难在自己的岗位上做出政绩来，并且也得不到人民百姓的拥护。

为政者要以民为本，注重民生，坚决杜绝腐败以及政治上的不作为、乱作为，要加强执政者的廉政勤政能力。孔子讲"先之劳之，无倦"，就是启示为政者，如果自己做不到先忧民之忧，后乐民之乐，就是一个不合格的为政者。荀子讲圣明的臣子时说道"上则能尊君，下则能爱民"，进一步说明了为政者应该心中有百姓，能够考虑为民办事，才能够增强为政者的服务水平。习近平总书记引用郑板桥的诗句"些小吾曹州县吏，一枝一叶总关情"，进一步说明百姓事无大小，都是需要为政者及时去处理的。在当今社会上，少数为政者不应该只在乎自己的政绩，不应该只想着从中得到利益，而应该实实在在去为百姓办事。中国共产党人的初心和使命就是为中华民族谋复兴，这就更要求为政者要以人民为主体，为人民多考虑，为人民多办实事。先秦儒家也是非常重视敬民保民，马克思主义哲学认为："人民群众是历史的创造者。"心中有人民，才能做到为政为民，达到为政治国的最终目的。孔、孟、荀三人的思想都是特别重视人民在政治中的主体地位，进而将为政与为民很好地结合在一起。由此可见，在以民为本，为民服务以及提升为政能力方面，先秦儒家的勤政为民对现代治国理政中提升为政者服务能力具有一定的价值和借鉴意义。

（三）守诚信

根据史料记载，"诚"字最早见于《尚书》："鬼神无常享，享于克诚。"此处的"诚"形容对鬼神的笃敬之情，体现为人们在祭祀活动中祈求神灵庇护。在古代，对鬼神、祖先的祭祀是国之大事，是在日常生活中要遵循的文化秩序和规则，也是一种文化现象和社会制度。"心诚则灵"是对待神灵应有的态度，要求在祭祀中必须专心一致，体现了人民对安全感和寻求庇佑的保护。但是这时的"诚"还未具有社会价值和现实意义。

《中庸》是论"诚"比较系统的典籍，"自诚明，谓之性"的"诚"指的是做人真实无妄的品性以及心怀诚实的原则，不做自欺之事，这是天性使然。《中庸》中还提到"唯天下至诚，为能尽其性"，至诚指的是极致的真诚，只有天下至诚的圣人才能发挥自己的本性，彻悟天地万物运行的真理。可见"诚"对于人具有了现实的意义，将"诚"视为为人处世的标准。此外，《中庸》中从天之道和人之道两个方面来阐释"诚"字，"诚者，天之道也，诚之者，人之道也"。"天之道"是从道德本源论的意义上的一种感悟，"诚"是自然界固有的状态和规律。"人之道"是个人修养的一种体现，是人类模仿学习天之道的结果。

"诚"也是道德修养的重要内容，在《礼记·大学》中，"诚"被列入"八条目"之一，即"物格而后知至，知至而后意诚，意诚而后心正"，诚意为修身的根本方法，最基本的层面就是做到勿自欺，即在举止动作、立身处世方面都要做到真实无妄，不虚伪做作。其中，"慎独"最能体现诚，是个人修身最重要的途径和方法，人在独处时思想最容易动摇，只有坚守心中的信念，在独处时进行自我警醒和自我约束，才能无愧于心，达到正心、诚意。至此也奠定了"诚"在道德修养中的重要地位。总的来说，在中国传统文化中，"诚"的本意是尊重客观实际，不自欺，并且侧重于行为主体自身道德修养和行为约束，是个人选择并坚持的准则。

从历史溯源来看，"信"观念起初也体现为人们对于神灵的态度，祭祀时对神的虔诚，"所谓道，忠于民而信于神也"，这与先秦时期的天命观密不可分，也表明"信"最初主要指面对人神关系时的诚实不欺，将道德的约束同宗教信仰的约束结合起来的一种规范方式。但在春秋时期经过儒家思想家的改造和倡导，"信"的主体和范围扩展到人际交往中，逐渐成为重要的道德规范。孔子多次强调信的重要性，孟子将"信"提升为整个社会的道德基石，提出"朋友有信"并将其纳入到"父子有亲、君臣有义、夫妇有别、长幼有序"中，作为处理五种人伦关系的规范之一。西汉董仲舒继承并发展了孔孟思想，将诚信纳入"三纲五常"中，并且将"信"与"仁、义、礼、智"并列为"五常"，"信"不仅要求说话一诺千金，而且要求行为实事求是，这从而确立了"信"在中国传统思想中的地位。

"信"是由"人"和"言"两个部分组成，即"人言"，也就是建立在语言基础上来表达"信"，"人言为信"和"信守承诺"是信的表达行为要求，所谓的"一言既出，驷马难追""与朋友交，言而有信"等都是对"信"的精确概括。"信"作为人际交往中道德准则和底线的具体体现，"信"与"诚"一体两面，不可分割。从二者的释义来讲，两者都有真实的意思，"诚"指的是不自欺，忠于自己，强调内在约束力。"信"指的是不欺人，强调将言语作为沟通的桥梁，将"信"作为人与人交往的准则，待人接物时要言行一致，有诺必践。从二者侧重的角度来讲，"诚"侧重于自我的道德修养，更注重个人的内心规定，"信"则更注重道德践行，是"诚"的外化的表现，强调人际交往中的言行和外在表现。但"诚"和"信"的差异性并不能否认两者之间存在互通性，两者互通表里，相互交融。诚是信的基础，是信的外在表现形式，无诚则无信；信是诚的实现路径，是诚的最终实现目的。

总的来说，"信"的基本释义就是真实不欺，是社会关系中的行为主体，通过语言沟通和有意识的行为将其他人作为自身的外界约束，以将自身的行为准则准确无误地传送给其他人。"诚信"是中国传统价值观重要的规范之一。

诚信最早出现在《逸周书·官人解》中，"父子之间观其孝慈……乡党之间观其诚信"，管仲曾将诚信二字连用，说："先王贵诚信，诚信者，天下之结也。"在管仲看来，诚信是天下伦理秩序的关键所在。但真正提出诚信思想的是荀子："端悫诚信，据守而祥，横行天下，虽达四方，人莫不任。"认为只有遵守诚信才可以走遍天下，只有诚信才能立身于世，赢得别人的尊重，诚信的内涵在此也逐渐发展和丰富起来。

诚信作为一个复合词，主要含义就是真诚实在，信守诺言，其思想蕴含着十分丰富的内容。在传统文化中诚信是做人的基础和准则，朱熹说："人道惟在忠信……人若不忠信，如木之无本，水之无源，更有甚的一身都空了。"朱熹将诚信看作是树的根部，水的源头，如若失去诚信，将会在社会中无法立足和存在，也不能成为一个真正的人。

传统的诚信思想不仅要求人们要讲实话，而且要将言行与实践高度统一起来。传统诚信需要结合义和善进行价值选择和价值判断，说义和善是评价是否守信的重要根据。正所谓"言必行，行必果，硁然小人哉！"在践行诚信道德的过程时，要以义为前提，离开善和义就不是诚信。要具备超越功利的道义性，这才是诚信的真精神。

中国强调诚信在商业活动中的重要作用，讲求"以义制利，义中取利"，将营利与社会效益结合起来。今天，诚信在社会主义市场经济、党的建设、国际关系中也有重要作用。习近平总书记十分重视诚信在社会发展中的重要性，他在讲话中反复强调诚信。企业不讲诚信，很难长久地经营、发展，社会没有诚信，每个人都会感受不到安全感。只有建设诚信政府，才能得到人们的认同，进而树立威望。目前，我国社会还存在着许多违背诚信的事件，如产品造假、商业欺诈等，看似是经济利益的驱使，实则是违背诚信精神的必然结果，影响了社会良好风尚的形成，阻碍了社会的和谐稳定。在企业家座谈会上，习近平总书记讲到企业家要起表率作用，依法经营、诚信经营，带动社会道德素质和文明程度的进一步提升。要加快推进社会诚信建设，加大对诚信主体的激励和对失信主体的惩戒，形成褒扬诚信、惩戒失信的体制机制和社会风尚，重视商业诚信价值，推动市场经济健康有序地发展。诚信作为公民层面的价值追求，习近平总书记也在多个场合强调公民应身体力行，践行诚信原则。他还特别强调领导干部必须涵养道德操守，明礼诚信，怀德自重，充分发挥政府在信用建设中的示范作用，树立诚信的形象，建设诚信政府。诚信也应是国与国交往的准则，人与人交往在于言而有信，国与国相处讲究诚信为本。作为中华民族的传统美德，习近平积极肯定了诚信在传统文化中的重要地位，并将其纳入社会主义核心价值观中，成为人们为人处世的规范，发挥了传统文化以文化人的作用。

（四）崇正义

正义自古以来就是人类永恒的追求，这种价值观念和价值取向，不仅对个人品行的培养、社会准则的构建有重要意义，而且对当代中国特色社会主义正义观的构建具有深刻的启示。

义利之辩在中国传统文化中是一个极其重要的论题。在儒家看来，"利者，义之和也"（《易经》）"国不以利为利，以义为利也"（《礼记·大学》），只有真正符合义的利才是值得我们去追求的。但在现实生活中，总会有不遵守正义准则的人，舍义取利，甚至是不择手段去牟利，故孔子提出"君子喻于义，小人喻于利"（《论语·里仁》）。在孔子生活的政治环境中，实现社会正义可以说几乎不可能，但孔子还是本着"天将以夫子为木铎"（《论语·八佾》）的责任感与担当精神，从现实可行性条件下考虑，从政治正义、教育正义、经济正义的制度设计方面解决现实的社会问题。孟子也多次谈到"义"的重要性，提出"仁所以养人，义所以教人，辅世长民，天下之师也"，在孟子的思想中，义要高于生命，舍生而取义，可以说，儒家思想贯穿着正义原则。

正义是社会和谐稳定的基础，也是党成立以来一直为之奋斗的价值目标，崇正义是社会主义核心价值观中的公正、平等、法治。习近平总书记高度关注社会正义问题，他表示，"促进社会公平正义是政法工作的核心价值追求"，实现社会公平正义首先要做到司法公正，这是前提也是底线。他告诫领导干部要坚守正义，严明法纪，决不允许权利的腐败滥用、不正之风盛行。还要有完备的法律体系，完善的法律机制，公民的公平正义问题得以保障落实。全体人民的自由而全面发展是公平的最终目的，通过不断深化改革，让发展成果更好地惠及每一个人，以更好地促进公平正义，"我们要以更大的力度、更实的措施保障和改善民生，加强和创新社会治理,坚决打赢脱贫攻坚战,促进社会公平正义。"如果不能让百姓感受到实实在在的正义,那么改革也将失去意义。"大道之行也,天下为公",发展的目的就是造福人民。在国际关系中,习近平总书记一直秉持着正确的义利观,坚决遵守国际秩序,不仅在社会中贯彻落实正义原则,也积极维护国际社会的公平正义,绝不会对其他国家强加自己的利益。可见,正义不仅为国家稳定的道德政治保障,也是处理国际关系、维护国际稳定的重要准则。

(五)尚和合

"和合"思想是中华传统文化中的重要灵魂。作为中华优秀传统文化的核心部分之一,和合文化始终蕴含在中国传统文化之中。"和""合"思想早已存在于中国传统文化的历史长河之中。随着历史发展与时代变迁,和合文化也不断丰富和充实自身的理论内涵和价值意蕴,被赋予了一定的时代特征与时代价值,实现了真正的创新与发展。

回溯中国的历史长河,虽然"和"字或者"合"字的单独出现常常代表着"和合"这一整体概念表达的意思,但是多数时期,"和"与"合"二者并未联用。例如,在《易经》中出现的"和"字,有和谐、和善的意思,并没有出现"合"字。《尚书》中的"和"多用于对人际关系与社会关系的处理,"合"则是指相合、符合。

"和"最早出现于金文中,原指乐器与声音的相应和谐。后来,"和""谐"逐渐开始连用,"和谐"表达了人们对协调和匀称的追求。在古代,和谐旨在强调一种有价值的普遍的协调与平衡的关系。因此,"和"也衍生出和谐、和睦、和平、祥和、和善等意。

在中国古代,"和"作为一种思想观念,是指不同事物或不同要素之间的一种相互斗争、相互协调、相互促进又相互融合的状态,是对于事物的整体或全局的把握。最早出现于《国语·郑语》中:"夫和实生物,同则不继。以他平它谓之和,故能丰长而物归之;若以同裨同,尽乃弃矣。"后又出现于春秋时期齐国宰相晏婴与齐君的"和同之辩"。这里的"和"主要是和谐的意思,强调"和"并不是指单纯的相同。"和"的意思是各种不同事物之间的配合与协调。可见,"和"承认事物之间的差异性和矛盾的多样性,和而不同、求同存异,万事万物才能真正地发展与前进。老子提出"万物负阴而抱阳,冲气以为和。"把"和"当作万物生成的规律。孔子将"和"的概念赋之以和谐共处的意味。孟子将"人和"视为成功最重要的要素,"天时不如地利,地利不如人和。"还谈到了"持中贵和"的思想。

"合"与"和"之间存在着细微的差别,并不完全等同。"合"更强调矛盾双方的相互配合与对待,有"配合、辅助"的意思。董仲舒就提出"凡物必有合"的著名哲学命题,这里的"合"就是对立、对称与交合的意思。"合"是指事物的一种生成方式。例如,《周易》中说道:"《乾》,阳物也;《坤》,阴物也。阴阳合德而刚柔有体,以体天地之撰,以通神明之德。"这里的"合"就是指阴阳相合,生成万事万物。荀子也曾说:"天地合而万物生,阴阳接而变化起,性伪合而天下治。"可见,"合"促进了事物的形成,即阴阳变化与合离促进事物的形成与事件的发生。我们可以明显看出中国古代的哲人和学者是把"合"看作事物的形成方式的。"合"也常常用来指聚散离合。"人有悲欢离合,月有阴晴圆缺"正是表达了这种意思。"合"也有融合、和谐之意,这一意蕴在"天人合一"思想中表达得最为淋漓尽致。《国语·周语下》记载的关于音乐的言论,"德音不愆,以合神人,神是以宁,民是以听。"《诗经》中的"天作之合"一说,用到其引申义"匹配""般配"。这是古代哲人具有典型意义的认识论和宇宙观。

自春秋开始,"和"与"合"逐步开始连用,出现"和合"一词。"和合故能谐,谐故能辑。谐辑以悉,莫之能伤。"管子认为人们道德的表现就是"和合",认为和合能够使人们和谐团聚,产生巨大的力量,不受伤害,这一思想也被后来的思想家加以发展与应用。《周易》中也讲"和合","乾道变化,各正性命。保合大和,乃利贞。"这里是重视和与合的价值。

"和合"思想作为中华传统优秀思想文化的重要内容,在当今社会的发展过程中仍有重要现实意蕴。人与人之间,要己所不欲,勿施于人,与人为善,以"和"为贵,承认矛盾、冲突和差异,尊重差异,包容多样,构建和谐的人际关系和良好的社会秩序。社会主义核心价值观中所蕴含的平等、友善、和谐也是"和合"思想的固有内涵,要以和为指引,化解冲突和矛盾,为构建和谐社会提供价值支撑,营造和谐的社会环境,构建和谐社会。"和合"思想还体现在人与自然的关系上,人与自然的关系始终贯穿人类社会发展的全过程,以破坏生态环境为代价换取高额利益,只能使人与自然的关系愈演愈烈,最终危及人类自身。

古人很早认识到人与自然应和谐共生,习近平总书记在此基础上也不断强调要保护生态环境、维护生态平衡,走可持续发展之路。他从加强生态文明建设的高度,进一步提出"人与自然是生命共同体",倡导绿色新发展理念等,十九大将"坚持人与自然和谐共生"作为新时代坚持和发展中国特色社会主义的基本方略之一。习近平总书记还把"和合"思想贯彻到国际关系中,强调国与国之间的和谐相处与和平发展,他指出:"中华民族的血液中没有侵略他人、称霸世界的基因，中国人不接受"国强必霸"的逻辑。"他始终倡导和平发展、和谐相处、合作共赢的国际观，在与他国交流交往的过程中，秉持着和而不同，坚持文化多元化的原则，求同存异。他曾用古诗"一枝独放不是春，百花齐放春满园"表述各种文化交流互鉴、丰富多彩的现象。

（六）求大同

国家富强、民族复兴、人民幸福、社会和谐一直是人们的憧憬与追求。习近平总书记曾提到过"中华民族的先人们早就向往人们的物质生活充实无忧、道德境界充分升华的大同世界"。天下大同思想与当代社会追求的共同富裕，走共享发展之路有高度的契合性。只有保障了社会成员对基本的物质资料的需要，具备基本条件以后，人们才会有更高层次的精神追求。因此，走共同富裕之路，就要保障社会成员的基本生活条件，使社会成员共享国家政治、经济、文化、社会、生态等各方面建设成果。

"中华文明历来主张天下大同、协和万邦。""天下大同"是中国古代社会基本的思想框架，是中华民族一直为之奋斗的理想目标。随时代的发展，"求大同"的梦想被注入新的内容，大同社会作为古代追求的最佳社会状态的设想，如今正在一步步实现。从邓小平同志提出小康社会的战略构想，到十八大正式提出全面建成小康社会，再到十九大指出全面建成小康社会，实现第一个百年奋斗目标，习近平总书记将大同社会的目标向前推进一个阶段。

在第二届中国国际进口博览会开幕式主旨演讲中，习近平总书记这样阐释中国的世界观。现如今的世界是一个整体，每个国家的前途命运紧密联系在一起。站在新的时代起点，习近平总书记始终坚持为世界谋大同的理念，创造性地提出了构建人类命运共同体的倡议。当今世界，人类命运面临着各种错综复杂的严峻挑战，各国人民应普遍参与，风雨同舟，努力把各国人民的美好生活追求变为现实。而大同的理念，可以探索国际交往新模式，为解决现有国际交往中存在的问题提供一些有益的理念支持与智慧启迪。

习近平总书记深度挖掘"大同"思想的精髓，提出了构建人类命运共同体的倡议。习近平总书记在联合国总部日内瓦演讲时，发出了"日内瓦之问"——"世界怎么了，我们怎么办"。面对经济全球化、世界多极化、文化多样化的国际形势，恐怖主义、难民危机、气候变化等全球性的挑战问题，习近平总书记提出各国人民应秉持"天下一家"的理念，为构建人类命运共同体而携手努力，互相理解，求同存异。当今世界，硬实力较量、软实力竞争、意识形态冲突等问题愈演愈烈，习近平总书记从人类福祉出发，提出了构建人类命运共同体的倡议，望同各国人民一同创造开放、安宁、繁荣的和谐世界。习近平总书记关于人类命运共同体的思想根植于中国传统文化，同古代的"四海之内皆兄弟""万国咸宁""天下大同"等的思想一脉相承，赓续不断。地球只有一个，全人类都生活在同一个世界，谁都不能脱离相互交往而独自发展。新时代的中国，不断呼吁各国人民齐心协力，为"建设持久和平、普遍安全、共同繁荣、开放包容、清洁美丽的世界"共同努力。人类命运共同体秉持"和而不同，允执厥中"的中道思维，以共存的格局追求共赢的理念，解决人类共同利益的问题。习近平总书记构建人类命运共同体的倡议得到国际社会的普遍认同，且这一理念被联合国写入相关的重要决议中。"计利当记天下利"，我们不能把一己之利凌驾于世界利益之上，应以开放包容的心态，同世界共同发展、共同进步。习近平总书记用中华优秀传统文化的精髓阐释着当今世界国家之间的关系问题，体现了中国民胞物与的博大胸怀。坚持推动构建人类命运共同体，为人类的未来提供的中国方略，为实现天下大同、世界一家的美好理想指明了方向。"天下大同"梦是中国梦，也是世界梦，中国始终做坚定的国际秩序的维护者。

二、中华优秀传统美德

中华传统美德蕴含着极为丰富的道德价值理念、道德思想和伦理道德规范。中华文明在数千年绵延发展中，酝酿产生了独特的价值体系。正如习近平总书记论述所指出的，"中华传统美德是中华文化精髓。"在2014年北京大学师生座谈会上论述核心价值观时，习近平总书记列举了关于治理国家的"大道之行也，天下为公""天下兴亡、匹夫有责"等训诫，关于君子人格的"君子喻于义""君子坦荡荡""君子义以为质"等信条，关于立身处世的"言必信，行必果""人而无信，不知其可也""德不孤，必有邻""仁者爱人""与人为善""己所不欲，勿施于人""出入相友，守望相助""老吾老以及人之老，幼吾幼以及人之幼""扶危济困""不患寡而患不均"等和谐友爱的道德理念，认为它们都有其永不褪色的时代价值，以及在纪念孔子诞辰2565周年时他又概括出"自强不息、敬业乐群、扶正扬善、扶危济困、见义勇为、孝老爱亲等传统美德。"。

可以看到，中华传统文化中包含着充沛的道德情怀：对国家层面的如天下为公、民惟邦本、精忠报国等国家观念和爱国情怀；对社会层面的公德思想如担当意识、廉洁奉公、扶危济困、守望相助等公德意识；对个人层面的道德修养如崇德向善、仁义礼智信的道德观念等，体现着中国人民评判是非的价值标准，数千年来持续影响着中国人的生活方式。不仅对的社会主义核心价值观有着重要涵养作用，也给世界不同文明之间交流互鉴提供了有益资源。

这些传统美德，也为我们为人处世、安身立命提供了重要启示。对待中华优秀传统文化，要坚持礼敬自豪的态度。要让中华优秀传统文化的基因植根于人们的精神世界，内化为人们的思想观念，深化为人们的道德意识。深入阐发中华优秀传统文化的核心思想理念，挖掘中华优秀传统美德，结合时代课题，继承传统，革故鼎新，充分彰显中华优秀传统文化的时代张力和永恒魅力，使传统文化融入现代生活的方方面面，为全体人民精神生活和道德实践提供文化滋养。

三、中华人文精神

人文精神是一个国家和民族对自身以及人类前途与命运的关怀，表现为对人类尊严的维护、人生价值的尊重，以及对实现人全面发展的理想的追求。中华优秀传统文化的主体是"人"，本质上是一种"人本主义"文化，有着深厚人文传统。长期以来，在中华传统文化中，占据主导地位的是人学，而非神学。中华优秀传统文化既讲"天文"，即自然界变化，又讲"人文"，即人的思想文化的提升，二者相辅相成，从而使中华人文精神在中国历史上被继承、被发展。中华民族求同存异、和而不同的处世态度，勤俭自守、泰和自若的生活观念，形神兼具、情景相融的美学追求，等等，集中表达了中华民族的生活方式、思想观念、风俗习惯，滋养了中华民族独具特色的人文精神。

《周易》有云："刚柔交错，天文也；文明以止，人文也。观乎天文，以察时变；观乎人文，以化成天下。""天文"指通过研究季节、时令变化，为人们合时宜地进行农作提供科学的依据。"人文"是指"文明"。中华传统文化中常探讨"天道""人道"之间的相互关系，其实质就是对于自然变化与人类文明之间关系认识的深化，古人以辩证的眼光看待"天文"与"人文"之间的关系，认为两者是相互关联、相辅相成。"人文"生成于"天文"，是在顺应、适应"天道"发展的过程中，逐渐形成、创造的认识成果。这种成果日积月累，积久成俗，代代相传，成为中华民族独特的生活方式，形成了中华民族独有的文化传统，并成为文学艺术、人文科技的滋养源泉，正所谓"观乎人文，以化成天下"。也体现了中华优秀传统文化的文以载道、以文化人的教化思想，展现出其人文特质。

四、教化思想

中华优秀传统文化教化思想以尊师重道、师道尊严、文以载道、以文化人、因材施教、以德立人、有教无类、见贤思齐、化性起伪、德为才之帅等脍炙人口的命题为代表；在普遍重视人的教化的百家学派中，又以儒家为教化思想的杰出代表。习近平总书记指出：以儒家思想为代表的百家学说"都坚持经世致用原则，注重发挥文以化人的教化功能"，在历史上，这些教化思想厥功至伟。正是这些着眼于国家统一、社会和谐和人民安居乐业大目标，积极选才、育才、用才的教化思想和实践，保证着中华民族的文化凝聚力、保证着中华文脉绵延不绝、保证着中华民族生生不息和发展壮大、保证着中华文明数千年一脉相承。在今天，它也仍然是中华民族尊师重道、尊重知识、尊重人才的文化精神基因，也将引导中华民族进一步走向科技强国、文化强国的远大目标。

五、美学思想

中华优秀传统文化也是一座珍贵的美学宝库。一方面，追求温润圆融，溢彩流光，《孟子·尽心下》说："充实之谓美，充实而有光辉之谓大。"即为这方面的代表性观点；而另一方面，又主张张弛有度、低调含蓄，擅于"留白"、擅于言有尽而意无穷。《诗经》讲"发乎情，止乎礼义"，《论语·八佾》要求艺术"乐而不淫，哀而不伤"等即这方面的代表性观点。中华美学的精髓，正如习近平总书记所概括的："讲求托物言志、寓理于情，讲求言简意赅、凝练节制，讲求形神兼备、意境深远，强调知、情、意、行相统一。"事实上，在情与理之间、言与意之间、汪洋恣肆与低调含蓄之间，始终存在一种微妙的理论张力和美学张力，正是中华传统美学的精髓所在。在谈到文艺精品的创作时，习近平总书记还引用了清代学者赵翼"诗文随世运，无日不趋新"的名句，强调创新是美学核心内涵之一，并引用《古诗源》中的《弹歌》，《诗经》中的《七月》《采薇》《关雎》等篇为例，要求文艺工作者深入生产生活实践，只有从人民的生产生活实践中汲取文艺和美学的营养，才能不断增长才干、不断创新创造能力、打造出文艺精品。中华优秀传统文化中的美学思想，对于纠正商品化、市场化时代文艺界中存在的一些"不知美丑，不辨香臭"的审美标准缺失状况和"以洋为美""唯洋是从"的历史虚无主义错误倾向很有针对性和现实意义。

另外，中国古代也有较为丰富的重视科技工艺的经世致用思想和科学技术发明，如著名的"四大发明"。总体来看，中华优秀传统文化，博大精深，内涵丰富。

以上所举诸多方面，难免挂一漏万，但亦可见中华优秀传统文化的耀眼光芒与气象万千。

第二节　优秀传统文化的特征分析

一、优秀传统文化的特征

（一）连续性和稳定性

中华文化虽然历经曲折变化，但是仍然顽强地、一以贯之地延续下来。纵观人类发展历史，四大文明古国里，有的衰亡，有的断代，唯有中华民族创造的以文字为载体的五千年文明史还在一直延续着，它并没有因外来文化冲击而中断，成为世界文化史上的奇观。中华民族在长期的实践中形成的独特的、优秀的文化思想和价值理念，具有较强的生命力和影响力。比如，"君子以德、小人以力""皇天无亲，惟德是辅""得道多助，失道寡助"等主张以德为本的治国理念；"民为贵，社稷次之，君为轻""天下为主，君为客"等主张以民为本的社会情怀；"君子务本，立身之道""君子求诸己，小人求诸人"等主张克己修身的个人追求。这些来自中国传统社会的格言和名句，每一个中国人都耳熟能详，多数中国人仍按照这些思想和观念来加强自我修养，指导生活。闪烁着民族智慧的中华优秀传统文化虽然历经各朝各代，但经久不衰，深刻地影响着中华儿女的精神和思想。

（二）融合性和凝聚性

中国土地辽阔，各民族有着十分多样的历史文化。在数千年的发展过程中，各群族和文化在这里碰撞冲突、交叉融合，形成了多元一体的中华民族与中华文化。中华优秀传统文化历经数千年岁月洗礼逐渐凝聚成了具有中华民族特色的精神文化，形成了强大的民族凝聚力。在中华民族五千多年的发展历程中，通过融合、包容，在当代逐渐形成了以核心价值观为内核和灵魂的伟大民族精神。正是有了对这种伟大精神的弘扬与践行，才使得英雄的中华儿女敢于面对各种困难和挑战，矢志奋斗，生生不息，绵延至今。

（三）民族性与世界性

失去民族性，就没有世界性和全球性。中华优秀传统文化中蕴含着许多构建世界的智慧和力量。比如"和谐",它经常出现在中国文化典籍之中,是人们日常生活中经常看到和普遍使用的词汇。中国人历来追求和谐、崇尚和谐。儒家强调"和谐有序",道家主张"道法自然",墨家提出"兼相爱"。"己所不欲,勿施于人""四海之内皆兄弟"等经典名句更是反映了中华优秀传统文化的"和谐"智慧。中华民族在长期的实践中注重用和谐来处理自身与外部世界以及他人与自身的关系,"和而不同"的"和谐"文化是人类社会与各种文明得以延续与发展的基础,是人类未来的发展方向,也是解决人类生存危机,处理当代国际复杂问题,以及人类社会建立永久和平、共同繁荣世界的救世良方,得到了全世界人民的普遍赞同。

二、优秀传统文化的独特优势

中华民族能够薪火相传几千年,不断发展壮大,巍然屹立于世界民族之林,凭借的是中华传统文化中的独特优势。集中表现在四个方面。

(一)道德伦理的作用

传统文化中的道德伦理发挥了强大的精神纽带作用,提供了强大凝聚力,使中华民族保持了鲜明的文化独立性,数千年一脉相承。任何一种文化,如果丧失了自己的精神独立性,那国家和民族整体的独立性就会随之丧失。中华传统文化从汉代以后,以儒家为主、以佛家和道家为辅的三股文化洪流相互激荡、兼采百家思想学术,与外来文化的交流互鉴中生成壮大并不断演化。在这其中,哲学化甚至神秘化的道德伦理,始终是中华优秀传统文化的核心内容,形成了文化凝聚中心和民族向心力,这一特点非常突出。道德化的宇宙本体论作为哲学支撑,与道德伦理关系有力地联结起了中国大地上的不同民族,个人与群体,家、国与天下并存共生,最终生成了独特的中华民族、中华文化。究其原因,最重要的,就是传统文化中道德伦理的强大凝聚力,为中华民族始终保持独立性提供了一脉相承的精神追求、精神特质、精神脉络。所以说,这一特点是中华传统文化的独特优势。

(二)开放包容的文化姿态

开放包容的文化姿态,使得中华文化在与其他文化和谐相处的基础上博采众长,持续发展。中华文化始终注重合作与包容的精神。"和而不同"不仅是中国传统知识分子的哲学和道德诉求,同时也是中华文化在面对其他文化时的基本立场和价值判断。就域内文化来看，不仅先秦时代百家争鸣如此，即使汉代以后"独尊儒术"，在民间和士大夫中，道家文化和其他百家学说也得到了不同程度的传承发展，即使有斗争，也从来没有发展到水火不容的地步。宋代理学的兴起，就是儒、佛、道三家思想大融合的结果；就域外文化来看，佛教文化以及后来的伊斯兰文化、基督教文化都是从域外输入，也都在中华大地上扎下根，成为中华民族文化的一部分，特别是佛教与中华文化相融合，形成了具有中国特点的佛教文化，并成为中华传统文化三股主流之一。正是这种海纳百川的气度，兼收并蓄的胸襟，才发展出多种文化相融合、韧性十足、源远流长的中华优秀传统文化。这个特点也是中华传统文化的独特优势。

（三）崇尚和平与稳定

崇尚和平与稳定的特征，使中华文明成功避免了"国虽大，好战必亡"的结局，创造和维持了基本和平稳定的社会环境，使人民休养生息，使中国得以在国家治理方面长期领先于世界。虽然中国历史上每一次王朝兴替，几乎都会发生大规模甚至长期的战争，但这些战争不同于近代西方国家的侵略性战争，绝大部分都是中华各民族之间的融合性战争。这种战争的结果不是你死我活，而是交锋与融合，正是这种交锋与融合，才最终形成了今天的中华民族大家庭；从秦汉到明清，为了尽可能避免战争，保证发展经济和政治稳定，不同民族、不同政权之间的"和亲"几乎成了一种国策，贯彻着封建社会的历史，昭君出塞的"汉匈和亲"、文成公主"唐藏和亲"就是其中著名的例子，这也从侧面证明了中华文化崇尚和平的精神基因。汤因比曾指出，中华民族的独特思维方法，才可能使人类避免走上集体自杀之路。习近平总书记指出："爱好和平的思想深深嵌入了中华民族的精神世界"，近年来，在应对西方媒体散播的"中国威胁论""中国争霸说"的观点时，习近平总书记指出："中国这头狮子已经醒了，但这是一只和平的、可亲的、文明的狮子"。足以见得，崇尚和平、努力避免不必要的战争，也是支撑中华文化悠久流长的独特优势。

（四）尊重自然、和谐自然

道法自然、天人合一的命题所蕴含的尊重自然、和谐自然的思想集中体现了"和""合"的哲学理念，是中华优秀传统文化的又一独特优势。从《诗经》到《老子》和《庄子》、从《论语》到《春秋繁露》和《正蒙》，所体现出的对于自然的文化关切、对于人与自然关系的哲理思考从未中断，中国传统文化尤其重视自然生态，重视人与自然的相处之道。如《逸周书·大聚解》中"春三月，山林不登斧"、《论语·述而》"钓而不纲，弋不射宿"等优秀传统文化中的生态名言，都已深深融入中华民族的文化血脉，是习近平经常引用的古训。习近平总书记指出："我们的先人们早就认识到了生态环境的重要性……焚薮而田，岂不获得？而明年无兽。这些关于对自然要取之以时、取之有度的思想，有十分重要的现实意义。"这种尊重自然、和谐自然的思想在全球生态环境问题日益突出的当今时代，益发显现其宝贵的价值。

第四章 优秀传统文化的当代价值

本章主要介绍了优秀传统文化的当代价值,主要分为两个方面的内容,第一节讲述了优秀传统文化的精神特质,第二节阐述了优秀传统文化的价值。

第一节 优秀传统文化的精神特质

在传统文化的漫长发展中,我国人民形成了以爱国主义为核心,团结统一、爱好和平、勤劳勇敢、乐于奉献、自强不息的伟大民族精神,这就是优秀传统文化的精神特质。

一、爱国主义

要大力弘扬以爱国主义为核心的民族精神。民族精神是本民族在思想意识、价值追求和精神品格等方面的共同特质,是民族文化的思想精粹,也是民族的灵魂。中华民族走过了五千多年的文明历程,其中一个很重要的原因,就是中国文化酝酿生成的包括爱国主义精神、奉献精神、自强精神、创新精神、团结精神、协同精神等在内的民族精神。爱国主义精神之所以是核心,就在于它是国家民族安危与生死所系,没有爱国主义精神,就不会有爱国的行动;没有爱国的行动,国家迟早崩溃、消亡,其他民族精神也就失去了依托。强烈而鲜明的爱国主义精神,正是中华民族和中华文化无传统文化与伦比的独特性。文艺和文艺工作应该饱蘸深情,慷慨书写以爱国主义为核心的民族精神。

爱国主义是中华民族之魂,是一面激励中华儿女顽强奋斗的精神旗帜。中华民族的爱国主义传统悠久而丰富,具有深厚的历史底蕴和厚重的历史资源。它清晰地勾勒出了中华民族精神由自在走向自觉地发展主线,准确地揭示了中华民族精神中爱国主义的核心地位。中华优秀传统文化中的爱国主义思想是习近平新时代爱国主义重要论述的历史基因,也是涵养这一论述的重要源泉。

夏朝的建立开启了中国古代的奴隶制社会，国家制度取代氏族部落并刚刚盛行，爱国更多地体现在维护诸侯国的利益以及人们对自己故土家园的热爱上。"爱国"最早出现在《战国策·西周策》中，有"周君岂能无爱国"的说法。《诗经》提倡"夙夜在公"，认为爱国体现为日夜辛勤为国工作。《尚书》提出"以公灭私"的思想，指出集体利益优先于个人利益。秦朝建立大一统的国家，在汉朝进入了封建君主专制时期，直到清朝末年都是大一统趋势。东汉时期，有"亲民如子、爱国如家"的记载。从宋至清是中央集权制国家建立与巩固，是这一阶段爱国主义思想主要围绕中华民族的团结与繁荣、国家的统一与富强展开，抵御外敌以及与分裂国家的一切行为做抵抗。古代的爱国主义思想具有鲜明的时代性，首先体现为忠君爱国，这是由于自给自足的小农经济，家国一体的政治格局，家、国与君三者是统一的。其次体现为民族特性，以儒家所推崇的政治伦理为准则，强调国家利益高于一切，通过忧国、报国、卫国等提法来表达爱国之意。这些思想奠定了中华儿女共同的心理认同和文化认同，形成了中华民族文化自信的历史根基。顾炎武"天下兴亡，匹夫有责"的主张、岳飞"精忠报国"、诸葛亮"鞠躬尽瘁，死而后已"等都是古代爱国思想的体现。这些历史流传下来的爱国名言被习近平总书记在各种场合的讲话中巧妙引用，是习近平"家国情怀"等思想的理论渊源。

近代，中华民族面临着数千年未有之大变局，强敌入侵，内忧外患，处于水深火热之中。面对国家和民族前所未有的危机，中华儿女的国家意识和民族意识被极大地激发，相较于中国古代爱国主义前进了一大步，爱国主义思想的发展进入一个升华、发扬的崭新时期。从帝国主义侵略中国开始，爱国主义的矛头转向了帝国主义列强，保家卫国是爱国主义的主要体现。这一时期，中国涌现出了一批又一批爱国志士，林则徐坚决抗英，太平天国农民誓死抵抗，邓世昌壮烈牺牲，康有为、梁启超救亡图存，等等，展现出了强烈的爱国热情和崇高的牺牲精神。孙中山领导了辛亥革命，在近代中国植入了民主与共和的观念，中华民族的爱国主义思想得到了进一步的提升。在五四运动中，陈独秀对这一动乱变革时代的爱国主义进行了独特的解读，李大钊的号召对当时大众的爱国思想起到了一定的启蒙作用。在抗日战争中，中国人民英勇抗战，不怕牺牲，最终取得了胜利。中国近代的爱国主义思想从地主阶级改革派、农民阶级革命派、资产阶级改良派、资产阶级革命派的爱国思想一直上升到无产阶级的爱国思想，具有将爱国的眼光扩展到西方世界，跳出传统儒家政治伦理约束的特点。绵延了五千多年的中华文化以其博大精深的特质滋养了新时代爱国主义重要论述，成了重要的理论渊源。

古代爱国主义始终围绕家国一体的政治结构，在道与德的双重约束下履行爱国义务。近代爱国主义始终围绕中华民族的救亡图存，在寻找国家新出路的艰辛历程中践行。新形势下，全球化进程加速削弱国家主权，动摇文化根基，影响了国人观念，使个人对国家文化和民族精神缺乏自信。因此，新时代爱国主义强调认同感、荣誉感，增强内在认同、维护民族团结是核心内涵。新时代的中国处于实现复兴的关键节点，处于改革开放的深化时期，爱国主义理应得到弘扬和彰显。新时代的爱国主义仍要以民族文化为依托，将本土情怀与世界视野相结合，这是新时代爱国主义的价值内涵。

二、团结统一

习近平总书记提出，"各民族之所以团结融合，多元之所以聚为一体……源自中华民族追求团结统一的内生动力"。中华民族因地理空间、经济交往、文化交流、历史联系而造就了自发追求团结统一的客观现实。但建党百年来，除了传统政治文化纽带外，伴随着革命、建设和改革的重任，中华民族在马克思主义、中国共产党和中国特色正确道路的指引下，产生了追求团结统一的新的观念、文化、思想、情感、道德和责任。

在西方，"团结""统一"概念很少连用，它们往往是被放在不同语境中使用。"统一"一词最初源自哲学，具有一致的意思，表达了共同性的色彩。而"团结"一词的使用更为普遍，它起源于法语，被生物学家和社会学家用于表示社会性的共同纽带。如埃米尔·迪尔凯姆通过区分"团结"类型来描述一个群体或人口的凝聚力或共性；马克斯·舍勒则从现象学的角度，对"同情"进行了广泛探究，赋予了团结概念更多的道德内涵。由此可见，西方的"团结"和"统一"概念在本质上并不一致。其中，"团结"概念已经从最初社会学意义上的群体凝聚含义，扩展到政治等学领域的"挑战"和"改变"含义。而"统一"则被用于描述公民共同利益的同一性，在政治领域具有国家建构的含义。

中文文献中的"团结""统一"概念则具有天然的内在一致性。在国家层面上，当"国家统一"与"多民族团结"连用时，表达了维护国家统一、促进中华民族大家庭团结发展的意愿。在此基础上，一方面，"团结统一"可以作为中华文化的传统美德，如中国古代朴素的团结观点"有教无类""囊括四海"等，就表达了维护国家统一、促进民族团结的理念，而"天下体系""大一统"观念则强调统一多民族国家疆域和政治格局的一体性和整体性。另一方面，"团结统一"也可以作为一个行动概念，是公民基于共同目标、经验、身份认同、责任义务的有意识选择，它意味着各民族公民会不断采取行动，进行自愿合作和平等协商。总之，在中文语境下，"团结统一"既是一种基于对中国传统文化认可和尊重的道德观念，也是现有政治框架下国家整体性话语的建构和集体主义精神的表达。

清末民初，为追求民族解放和国家统一，中华民族迫切需要从一盘散沙的状态，走向各民族的团结联合。马克思主义提供了一个与传统"大一统"政治文化观相区别的理论视角，强调了平等、团结与统一的新观念；与此同时，在中国共产党的领导下，传统文化与马克思主义国家观、民族观结合转化，成为各族群众团结起来的重要观念和动力。

中华优秀传统文化是维系民族团结的重要纽带。千百年来，把中华各民族紧紧联系在一起英勇奋斗的正是中华文化这一共同血脉。在同一旗帜的指引下，五十六个民族在前进道路上不畏艰难险阻，书写出动人的中华民族奋斗史，创造出灿烂辉煌的中华文明。今天，我们要实现中华民族伟大复兴的中国梦依然需要凝聚起强大的中国力量，而中华优秀传统文化正是汇聚起强大中国力量的共同思想基础和有力精神支撑。

推进祖国统一、实现伟大复兴是海内外炎黄子孙的共同愿望。中华优秀传统文化是我们同根同源的最好证明，由各族人民在发展实践中共同创造书写，需要万众一心传承创新。习近平新时代中国特色社会主义思想对中华优秀传统文化的传承与创新，使各族人民更加意识到优秀传统文化在民族复兴和维系民族团结中的重要作用。包括港澳台同胞和无数海外侨胞在内的亿万中华儿女都更加自觉地意识到从历史到现实直至未来，我们都不能抛弃共有的思想文化基础，要在中国共产党的带领下更加团结一致地为了共同目标、朝着共同方向奋勇前进。且作为中华文化核心内容的以爱国主义为核心的民族精神将与时代精神共同构筑成当代中国精神，汇聚起无坚不摧的磅礴力量去战胜一切艰难困苦，从而为中国实现新的跨越发展提供强大动力支撑。作为两岸同胞共同的精神财富，中华优秀传统文化是两岸加强交流合作、增进互信互助最好的情感纽带。正如习近平总书记在十九大报告中所说："我们将推动两岸同胞共同弘扬中华文化，促进心灵契合。"通过传承弘扬中华文化强化民族认同感来延续中华民族的精神文化血脉，能够进一步增强民族凝聚力、向心力，增进两岸福祉，推进团结统一。

三、爱好和平

中国人自古以来就有着爱好和平，反对武力的行为准则。即使国与国之间发生战争，也以和平解决为最高实现标准，中国古代的外交艺术十分追求"不战而屈人之兵"的境界。中国传统主流政治文化崇尚文治，避免诉诸武力，这与西方国家的政治理念有着很大区别。中国素有"礼仪之邦"之称，爱好和平的思想理念不仅体现于各民族之间的和睦相处，而且体现在中华民族与世界各民族的友好交往之中。即使中国古代综合实力处于世界顶峰，也不曾欺弱霸小，对待邻国、少数民族是以帮扶、亲和为主的。中国古代开辟的"丝绸之路"、郑和七下西洋、玄奘西行取经、鉴真东渡扶桑等生动形象的真实故事，就是中华民族爱好和平，与世界各民族友好相处的历史见证。

四、勤劳勇敢

勤劳勇敢是中华民族在漫长的社会历史发展进程中，面对困难和挑战所形成的艰苦奋斗、不畏艰险、敢于拼搏、敢于奋斗的精神，是中华民族最早形成的民族性格，也是中华民族普及最广的传统美德。在中国传统文化中，勤劳被认为是一切事业成功的保证，是兴国立业之根本。

古人云"业精于勤荒于嬉""天道酬勤""民生在勤，勤则不匮"表现了古人对于劳动的要求。在漫长的历史发展过程中，中华民族依靠勤劳智慧，创造了一个又一个的世界奇迹，为中国人民留下了宝贵的物质财富和精神财富。举世瞩目的长城、贯通南北的京杭大运河，就是劳动人民用勤劳和智慧在不懈努力下完成的。

勤劳与勇敢紧密相连。勇敢是人们面对困难和挑战时所表现出来的意志品质，是大无畏的革命精神，是备受推崇的传统美德。"勇者不惧""狭路相逢勇者胜"体现了人们在面对艰难险阻时无所畏惧的精神；勇敢还需有谋，勇敢是胆识，而谋略是智慧，大勇者往往是有胆有谋的智勇双全之人。有义之谓勇敢，故所贵于勇敢者，贵其能以立义也，并强调"勇于义而果于德，不以贫贱、富贵、死生动其心。"正是依靠勤劳勇敢的精神，使中华民族历经磨难始终保持昂扬向上的精神斗志，使华夏文明成为世界上唯一一个没有出现过断层的古老文明。

要实现中华民族的伟大复兴，我们还有很长的路要走，肩负的任务还很艰巨，面对的困难和挑战也会越来越多，这就更加需要我们大力发扬勤劳勇敢的民族精神，调动一切有利因素，带领全国人民积极投身到中华民族伟大复兴的大业中。

五、自强不息

自强不息的民族精神是中华民族的优良传统，是中华民族所具有的一种独立自主、奋发向上和不断进取的精神。这种精神不仅是国家民族所特有的精神品质，也是个人应具备的基本素质。中国传统道德塑造的理想人格形象——君子，其最可贵的品质在于自强不息的奋斗精神，即《易·乾卦·辞》所言"天行健，君子以自强不息"。在孟子看来，这种自强不息的精神是一种"浩然之气"，有此"浩然之气"的人便能不屈不挠、勇往直前。这对后世中国人形成刚健有为、自强不息的价值观念产生了深远影响。越王勾践卧薪尝胆的不屈意志、屈原"路漫漫其修远兮，吾将上下而求索"的坚定信念、孙敬头悬梁锥刺股的发奋精神、愚公移山的坚韧不拔、顾炎武的"天下兴亡，匹夫有责"，还有"自力更生、团结奋进"的延安精神，"独立自主、艰苦创业"的大庆精神，"齐心协力、不怕牺牲、顽强拼搏、敢于胜利"的抗洪精神，等等，都是对自强不息精神的生动诠释。

可以说，自强不息是中国人民在前进道路上战胜种种苦难不断走向胜利的重要保证。正是凭借着这种自强不息的精神，中华民族才能够不畏艰险、奋勇拼搏，才能够由落后挨打的半殖民地半封建国家成为当今世界的经济大国。更为重要的是，在实现民族伟大复兴的今天，自强不息的精神品格，将不断激励中华民族走向更加辉煌灿烂的明天。

六、乐于奉献

乐于奉献是我国自古以来的传统美德。古代霍去病、卫青、岳飞、文天祥等民族英雄和近代的先烈都是甘于奉献的豪杰。在新时期同样有无数乐于奉献的中华脊梁。

在新冠疫情出现的初期，我国大部分人没有意识到问题的严重性，而84岁高龄的钟南山，却毅然奔赴武汉，来到疫情最严重也最危险的第一线；73岁的李兰娟在病房摘下口罩时，脸上压痕清晰可见的照片令人动容，从2003年抗击非典，到2013年防控H7N9禽流感，再到此次阻击新冠疫情，她始终冲在第一线；还有来自全国各地我们不知道名字的医护人员，他们写下"请战书"，纷纷加入抗击疫情的战役中，他们同样令我们感动。一个个逆行的背影是抗击疫情的英雄，也是新时代的英雄，他们的"无畏""担当"和"舍小家，为大家"的无私奉献精神，让病毒肆虐的冬天涌流出一股浓浓的暖意，为中国的"抗疫"工作取得了阶段性胜利付出了巨大的贡献。

第二节　优秀传统文化的价值阐述

新时代背景下大力发展中华优秀传统文化的重要性不言而喻，这不仅是由中华优秀传统文化的内在属性所赋予的，更是涵养新时代公民道德建设、培育和践行社会主义核心价值观以及助推建成社会主义文化强国的必由之路，其价值意蕴理应受到广泛关注。

一、优秀传统文化的价值理念

中华优秀传统文化之所以长期受到人们的尊崇信仰，是因为其蕴含深刻且独特的价值理念，这些理念凝聚着中华民族对人类本质的思考，对人与人关系的理解，以及对人类命运的探究，体现了中华民族最深邃的思想，卓绝智慧，虽然经历漫长历史却越发深入到中华民族的灵魂与血脉。这些核心内容，从根本上影响了中华民族的思考、选择和行为模式。因此，我们将围绕"天人合一""和而不同""自强不息""止于至善""民惟邦本""天下大同"几方面展开进一步的阐述。

（一）天人合一

中国古代思想中的"天"，泛指宇宙、天地、自然万物，也包含自然规律。"人"则往往包含的是自然的人、人性、人生以及人类社会的历史发展过程。由于"天"与"人"的问题包含着对如何认识世界、如何改造世界问题的探究和解答，因此中国历史上的思想家一般将"究天人之际"的哲学问题作为思考的首要问题，而这些思想成果为我们留下了既有理论深度又有民族特色的宝贵思想财富。纵观历史上思想家们对"天人之学"的探究和观点，"天人合一"可以看作是中华文化对"天"和"人"之间关系的总体把握，以及达到二者和谐状态的理想追求。

"天人合一"强调人与天的和谐相处，二者紧密联系、不可分割，主要体现为尊重自然规律，顺应天时，最终达到天道、自然和人的和谐状态。夏商周时期人们将"天"视为主宰着大自然的风云雷雨，决定着禾苗生长和农业收成的神明，因此人们包括统治者帝王都要揣测天意而为之。到了周朝，"天"自然规律的意义加强了，同时还增加了道德性的内涵，认为天会选择有德行的人给予帮助，因此要"以德配天"。《左传》中有："夫礼，天之经也，地之义也，民之行也。天地之经，而民实则之。"这段话的含义是，天、地的运行要顺乎"礼"，人们的行为处事也必须合乎天理地义。这里的天地是道德的具化，是人们行动的终极目标，人们做事必须取法于天。可见，早期的天人关系是在当时物质和理性思维发展制约下形成的人服从于天的被动合一。直到春秋战国时期，人们冲破了宗教思想的束缚，用理性探索天人关系时，天人关系成为一种哲理思辨，以崭新的面貌融入了中华优秀传统文化中。

老子指出，"人法地，地法天，天法道，道法自然"，说明了人、地、天、道四者的关系，表明了人与大自然的一致与相通。"天之道，损有余而补不足。人之道，损不足以奉有余"，体现了他对人道不公的观察和批判，他认为人道应当顺应天道，"推天道以明人事"，"绝圣弃智"，实行"无为而治"。庄子坚定地站在"天"的立场上看待万物说："弃事则形不劳，遗物则精不亏，夫形全精复，与天为一。"主要强调远离世俗事务的困扰，让身体不受牵绊，拥有豁达的人生观，让精神无所亏缺，一切都顺其自然，这样就会使人达到的形、神圆满的境界，复归于自然，达到一种与天合为一体逍遥自由境界。

孔子则从人的角度来把握"天人合一"的命题。孔子敬畏天，但在他看来，"人能弘道，非道弘人"，人无论遇到何种境遇，对用对自身所处文化传统有自知之明、有深厚感情和责任担当。因此，他一生致力于复兴周礼。儒家另一位重要思想家孟子沿着孔子的思路进一步强调人保持人的内心本性，"尽其心者，知其性也，知其性则知天也。"可见，孟子认为人的"心""性"与"天"是相通的，人性与天道密切相关，发挥人性之善，就是对天命最好的回应。

春秋战国时期的重要经典《周易》包含着中国最古老的朴素唯物主义的辩证法思想。"易，所以会天道、人道者也"，它以一种整体的世界观将天地人视为有机统一体，因而引起诸多学者的研究和阐发，形成了《易传》。这些研究从变化的角度将天与人紧密联系起来，人们在阴阳交会中可以体察到万事万物的运转与变化，懂得变化的规律就能够按照其内涵的道理待人接物，展现天性于人的本性之中。正如《周易》提出："夫大人者，与天地合其德，与日月合其明，与四时合其序，与鬼神合其吉凶，先天而天弗违，后天而奉天时。"是指真正智者能够主动感应天地，行为上合乎天地意志，把握天道运行规律，顺应天道变化，才能达到先天后天无往不利。到了汉代，大儒董仲舒提出了"天人之际，合而为一"的"天人感应"理论。这是儒家思想的又一个重要观点，由此不断发展成为哲学思想体系，成为汉代统治思想，对整个中国政治思想的发展影响极其深远。

总之，在中华传统思想中，"天人合一"是一种内在的生成关系和现实原则，对于如何处理好人与自然的关系、人与社会的关系、个人内心思想、感情的平衡关系起到重要的指示与调节作用。

（二）和而不同

"和而不同"思想具有深厚的传统哲学基础与文化底蕴。在中国传统哲学中，"和而不同"既是一种世界观，也是一种治国理政、为人处世的价值观，深刻影响着人们的思维方式，成为中华民族重要的文化基因。这一思想起源于古代先哲对自然界"整体性"的辩证认知，不仅认为自然界是一个共融共生的整体，也充分认可和尊重世间万物的差异性存在，进而认为"和而不同"是推动事物发展的必要前提，"和"是建立在"不同"的基础之上的。

早在西周末年，中国古代先哲就提出了"和同之辩"的命题。据《国语·郑语》记载，郑桓公与史伯谈论关于周王朝的未来发展趋势时，史伯回答："以他平他谓之和。"此处的"他"意指"不同"，把原本不同的事物结合起来达到平衡和谐状态就是寻求"和"的过程。史伯认为"和实生物，同则不继"，主张不同元素之间的协调，清晰、辩证地阐述了所谓"和"其实是建立在对"不同"的正确认知和处理的基础之上的。春秋时期晏子进一步阐释了"和"与"同"的辩证关系："和"是指不同成分的合理配合，而"同"是完全一致，并举例在政治生活中，国君提出一种想法，大臣从不同方面提出不同意见，使国君想法更完善周全就是"和"。如果国君独断专行，君臣意见都是完全一致的，国君的错误意见得不到纠正就是"同"。晏子将和而不同的释义引申到国家治理层面，强调"和"是多样性的统一，较为清晰准确地表达了"取和去同"的价值理念。

"君子和而不同，小人同而不和"（《论语·子路第十三》），此处"和"意指和谐相处，"同"意指消除差异、顺从。大意是说，君子能够与他人和谐相处，却不盲从附和，小人表面上和他人保持一致，实际上并不讲求真正的和谐贯通。孔子所主张"和而不同"，反对"同而不和"，将"和同"之辩从哲学和自然规律引申到社会领域，用以阐释为人处世之道。

经过儒家文化的解读、应用和发展，"和而不同"的哲学理念逐渐被推广、放大，对中国封建社会政治建设、文化冲突解决、社会交往方式等都产生了深刻影响。一方面是将"和而不同"作为个人加强自我品德修养的一项重要内容；另一方面，"和而不同"的思想又逐渐被引申发展为君臣关系建立以及国家政治治理模式。西汉时期，《淮南子·说山训》中又对"和"与"同"做了如下论述："故同不可相治，必待异而后成"。即将"和""同"的概念与政治管理模式联系起来，提倡国家的治理要遵循多样和谐的原则。

由此可见，"和而不同"是一个内在逻辑清晰、外延丰富完整的极具智慧的哲学理论体系，既包含自然科学对宇宙和世界的辩证认知，又有社会科学层面的对人际关系层级的精准设计，更有社会政治格局和治理模式建构的智慧。

随着"和而不同"思想理念的传承，崇尚和合的意识已经融入中华民族的文化血脉，广泛存在于传统文化的方方面面，从中医学所强调的"阴""阳"以及阴阳平衡和互补、到中国古代美学所强调的"中和"、再到儒家对"和"、道家对"妙"、佛教对"圆"的追求，无一不是"和而不同"思维的具体体现。在当今时代，"和而不同""贵和持中"的思想精髓进一步拓展，发挥着重要作用。在思想文化上，追求"各美其美、美人之美、美美与共、天下大同"的共同繁荣；在政治上，主张"兼听则明，偏信则暗"，坚持民主与公正；在社会上，深刻认识"和由义起，同由利生"，主张重义轻利，以和为贵；在个人素养上，培育"致中和"的君子之风。从全球化背景下国际社会合作竞争的关系来看，中国始终秉承"强不执弱""富不侮贫"理念，注重"协和万邦"，亲仁善邻，主动维护国际社会秩序的和谐安定，推进国家间和平共处，向全世界展现了"和而不同"思想理念的强大魅力，尊重事物间的多样性与差异、客观看待矛盾乃至冲突对抗进而寻求共识、实现动态和谐发展的"和合"思维也得到了国际社会的广泛赞同，为化解当下各种危机，促进人类社会和平发展贡献了中国智慧。

（三）自强不息

自强不息是中华优秀传统文化的核心思想理念之一，是中华民族的精神和内核，在穿越五千年的沧桑历程中起到了不可替代的独特作用。这一命题最早出自《周易·乾卦·象辞》中"天行健；君子以自强不息"的阐述，表达了自然万物运行刚健不已，君子应遵循规律效仿自然，奋发进取、不断追求进步的理念，反映了古人对天体运行不息的深入观察和深刻认识，展现了中华民族历经磨难而始终保持勃勃生机的精神力量所在。"苦其心志，劳其筋骨，饿其体肤，空乏其身，行拂乱其所为，所以动心忍性，曾益其所不能"（《生于忧患，死于安乐》）的艰苦磨炼，可以说是对自强不息精神的经典阐述。由此可见，自强不息的理念从"天人合一"的宇宙观孕育和发展而来，强调对自然之道的自觉与转化，与塑造自我理想人格的不懈追求紧密相关，既包含对"富贵不能淫，贫贱不能移，威武不能屈""穷且益坚，不坠青云之志"等正直独立、不屈不挠人格的崇尚与追求，也包含对"艰难困苦，玉汝于成"的社会责任感和创造精神的弘扬。正是"自强不息"精神的薪火相传，中华民族获得了自立自强，砥砺奋进的精神支柱与力量源泉，历经岁月更替与曲折磨难，依然挺拔屹立。在传统文化中，天与地的概念相辅相成，因此与天道运行体现出的刚健有为相对应，大地之势表现出的是博大宽厚、柔顺包容。故而《周易·坤卦·象辞》中有"地势坤，君子以厚德载物"，这从另一个侧面补充了自强不息的内在要求，即君子自强自立的同时，应当以效法大地之德作为认识世界和提升德行的进路，以宽广的胸怀、深厚的修养，容纳万物，博采众长。可见，厚德载物既包含了老子提出的"上德若谷"谦虚包容的智慧，也包含着儒家修德自省的积极担当。《大学》中开宗明义地提出了"欲明明德于天下者"应当做到"格物""知至""意诚""心正""身修"，这表达的即是"厚德"的意涵；而"家齐""国治""天下平"则是"载物"的体现。

总之，"自强不息"与"厚德载物"是基于"天行健"与"地势坤"的世界观而阐发的人生观、价值观，两者作为一个辩证统一的整体，塑造了民族精神的精髓，共同构成了优秀传统文化理念的重要内容，具有重要的历史意义与现实意义。在当今时代，深刻认识与弘扬"自强不息""厚德载物"的精神，不仅是应对世界发展复杂局势的需要，更是培育中华民族一代代有志青年继续乘风破浪，实现伟大目标的重要精神力量。

（四）止于至善

中华优秀传统文化历来具有崇德尚善的特质。孔子的"仁者爱人"，墨子的"兼爱""非攻"都包含着对美好社会、崇高的德行的向往与追求。在一定程度上看，对"至善"的探寻构成了中华优秀传统文化的起点和主题。

何为善？老子用"上善若水，水利万物而不争"阐述了善的意境与内涵，间接说明了"善"的理念来自对自然万物的观察与体悟，是顺应天地间内在规律而达到的自然和谐、返璞归真的状态。由此引申，"止于至善"既是对认识把握客观自然规律的追寻，也是对主观内在超越的诉求。从把握客观规律而言，追求"至善"与"天人合一""道法自然"的理念相交汇，表达了人与自然、人与规律和谐共生、繁荣发展的内涵。正如《周易》中指出"一阴一阳之谓道，继之者善也，成之者性也"。可以说，"止于至善"就是要不断地接近、把握、继承、遵循天地自然的"道"，实现"大道之行也，天下为公"的理想。

从主观内在超越的角度看，"止于至善"就是对进入崇高道德境界，提升自我修养的理性自觉。孔子说"我欲仁，斯仁至矣"，他所主张的"为仁由己""为己之学"就表达出了自我完善、自我超越、"止于至善"的内在要求。孟子提出了人生来就具有"良能""良知"的判断，认为人求善、向善的意识是与禽兽间本质区别所在。因而，中华文明中围绕实现内在超越的"至善"提出阐述了丰富的修养要求和实践路径。如道家认为"江海之所以能为百谷王者,以其善下之,故能为百谷王",即提出了虚怀若谷的要求;老子还认为,"知人者智,自知者明。胜人者有力,自胜者强",这是提出了自省自律的修身路径。儒家崇德尚礼,历来关注内在境界和人格修养的塑造,对于实现内在"至善"具有更加丰富的阐述,以"内圣外王"为德行修养的目标,提出了"慎独""日三省吾身""博学之,审问之,慎思之,明辨之,笃行之"等以德润身的主张,而将"止于至善"的追求从个人上升到社会就形成了"天下大同"美好理想。由此可见"止于至善"的理念培育了中华民族注重提升个人德行修养境界,追求尽善尽美,崇尚和谐友善的民族性格。这一思想理念,对于当今时代中国各行各业的劳动者不断提升自身德行修养,尤其是青年一代形成向上向善、锐意进取的积极风貌,对于破解当前国家发展中的瓶颈与难题,不断实现超越仍然具有积极意义。

(五)民惟邦本

"民惟邦本,本固邦宁"是我国古典政治哲学的核心关切,是封建统治者源于政治统治实践而得出的政治价值信念,也是古人经历了"天命论""天道观"等本体探索后,面对社会生产力的发展、百姓自由意志的觉醒,意识到"君权神授""奉天承运"已经不能成为安抚与奴役民众的思想武器,不得不在一定程度上摆脱"神本"思想的管束,开始把关切的目光转向现实的"人",认识到"凡治国之道,必先富民。民富则易治,民贫则难治也。民富则安乡重家,安乡重家则敬上畏罪,敬上畏罪则易治也"(《治国之道》)。封建统治者逐步让渡一部分权利与利益,效施"仁政""德政",从"敬天保民""勤政爱民",到"富民易治""民惟邦本",以宽政惠民、厚生利民、除暴安民、济世助民等举措来实现"本固邦宁",是我国传统"人本"思想的基本形态。

这种以民为本的共同体智慧,在一定程度上改善了百姓的生存环境与权利实现,如轻徭薄赋、广分农田、兴修水利等,促进了我国历史上税法制度的不断革新,达到了维护封建专制统治的目的。

但是从根本上来说,"民惟邦本"依然是封建专制统治的产物,在主体性地位的内涵、价值上带有极强的历史局限性。在主体性地位上,"民惟邦本"中的"民"是一个与"君"相对的概念,尊卑等级是君民关系的核心要素,"民"充当着"君"实现政治统治的工具,而非现实的独立的个体的"人","君"所提出的"民惟邦本"代表的物质利益主体表面看似是"民",实质上是"君","民"承担着对"君"与王公贵族乃至整个国家的奉养;在主体利益的认知上,"民惟邦本"

主要建立在天命论、天道观的基础之上，人们对世界的认知依赖的是自然农业生产下的经验与观察，全社会的认知主体多是以"神"的存在为本，普遍认可君主是上天之子，具有神性与天然的优越感，即以天然的不平等为根本原则，这使得"民惟邦本"难以超越"神"与天之子的约束，其究竟采取何种措施为"民"具有偶发性或随意性，往往依赖"神性"或"君"的德性进行合理性的论证，进而沦为"驭民之术"。在主体权益的实现上，"民惟邦本"更多的是停留在一种施政理念上，并无切实的制度作保障，正如梁启超所指出的，"夫徒言民为邦本，政在养民，而政之所从出，其权力乃在人民以外"。百姓并无参政、议政等哪怕是保障自身基本利益的权利，这意味着"民"所享有的"本"从本质上没有现实质化和标准，更多的是"君"的一种怜悯或者施舍。

而"以人为本"在继承"民惟邦本"重民、爱民、利民等优良核心精神的同时，进一步实现了对"民惟邦本"局限性的超越。一方面，"以人为本"是建立在科学理论基础之上的思想理念，以"人是全部人类活动和全部社会关系的本质、基础"为根本出发点，认识到"民"既不是群体性概念也不再是相对的概念，"不是处在某种虚幻的离群索居和固定不变状态中的人，而是处在现实的、可以通过经验观察到的、在一定条件下进行的发展过程中的人"这个"人"是建立在平等基础之上的概念，是具有独立人格和自由意志的个体，人与人之间没有尊卑等级的差别，认可马克思所说的"每个人的自由发展是一切人的自由发展的条件"，人人平等地享有并承担政治、经济、文化等各方面的权利与义务。可以确切无疑地说，党提出的以人为本的科学发展观，正是把马克思主义关于人的全面而自由的发展的基本思想与现实国情融为一体的突出表现，体现了当代中国共产党人在有关人员的问题上解放思想、实事求是、与时俱进的理论勇气和重大理论突破。

另一方面，"以人为本"代表的是人民的共同的物质利益，而非哪一个个体的利益，认识到"人民当家做主"是治国理政的基本出发点，从根本上确立"人民"才是国家话语的主体，也是国家话语的利益享有者，从政治制度、法律制度、经济文化制度以及道德建设等各方面为人民的利益保驾护航，社会各项事业建设都坚持"以人为本"的理念进行全面的发展与建设。习近平总书记多次强调，"我们必须坚持国家一切权力属于人民，坚持人民主体地位，支持和保证人民通过人民代表大会行使国家权力"，人民权利的实现不再依赖上位者的德行高低与否，而是以客观公正的法律为保障。这也就决定了"以人为本"的客观性以及科学有效性，为习近平"以人民为中心"话语权的主体进行了科学的界定，使主体权益有了政治保障。

（六）天下大同

中国一直是一个热爱和平的民族。我国优秀传统文化认为世界应该始终是一个和谐的整体，正是这种"天下大同"的思想理念深刻影响着中华民族的思想和行为。我国古代的"以和为贵"和"国虽大，好战必亡"等言论都包含着"天下大同"的这种思想。选贤举能、讲信修睦、互亲互爱、壮有所用、老有所依是我国古代人民幻想的理想社会。

首先，通过树立以民为本的理念、确立选贤举能的制度来保障社会公平。以民为本即约束君王的权利，规劝君王树立以人民为国家根本的发展观念，为民谋利。"选贤举能"即为所有人开辟公正的晋升通道，选拔的标准是个人道德品行和能力水平。

其次，要以"公有"确保社会公平。天下是天下人的天下，国家、土地、财富等财产非君王或某些群体的私产，而是全体社会成员共有，只有"公有"才可以保证"矜、寡、孤、独、废疾者皆有所养"。

最后社会公正体现在"均平"，人与人之间的差距不能过大。《论语》中提出"不患寡而患不均"，虽然带有绝对性的平均主义色彩，但是贫富差距确实是社会动荡的根源，为此应把贫富差距控制在合理的范围之内；所谓社会和谐是指人民安居乐业，和谐共处。"以和为贵""睦邻友好""亲人善仁""讲信修睦"表达了人与人之间美好的关系，是大同社会追求的和谐理念。整个社会"出入为友，守望相助"（《孟子·滕文公》），达到"老吾老以及人之老，幼吾幼以及人之幼"（《孟子·梁惠王》）的相亲相爱的理想境界。

近代，大同社会理想依然熠熠生辉，洪秀全在取鉴大同思想后提出了《天朝田亩制度》，康有为将自己的著作定名为《大同书》，孙中山崇尚"大道之行，天下为公"的理想社会。早期马克思主义者就是借助中华文化中的大同思想来传播共产主义，在最早介绍社会主义的书籍《西国近事汇编》中，就将"共产主义"称为"贫富均有"，李大钊也曾说过科学社会主义与大同思想具有类似性。吴玉章更是直言社会主义书籍中关于人人平等、消除贫富差距的描绘使他想到了孙中山的三民主义和古代的大同学说。毛泽东曾借助大同社会的概念来描绘共产主义，"经过人民共和国到达社会主义和共产主义，到达阶级的消灭和世界的大同"。

从古至今，中华民族对美好生活的向往和追求从未停止过。如果说大同社会，由于不具备可实现的现实基础，而只能是寄托古人对理想生活希冀的中国乌托邦之梦，那么，中华民族伟大复兴的中国梦，则是中国共产党带领全国人民有能力实现且正在不断实现的奋斗目标。

天人合一表达了古人对达到人与自然和谐相处境界的追求，和而不同是中华文化辩证思维的集中体现，止于至善、自强不息、厚德载物的坚韧精神汇聚了中华民族的内在品格，民为邦本、天下大同展现了中华优秀传统文化的人本精神和博大胸怀，这六个方面的理念是中华民族在历史中积淀凝聚的思想精华，无不彰显中华优秀传统文化深邃的思想理念。

二、优秀传统文化的价值

（一）优秀传统文化的思想价值

中华传统文化一大核心内容就是儒家文化，儒家文化的核心就是伦理道德，这样来看中华传统文化正是传统美德的集中体现。孔子强调必须要在学习知识之前修养个人品格，"弟子入则孝，出则悌，谨而信，泛爱众，而亲仁，行有余力，则以学文"（《论语·学而篇》）。《资治通鉴》中，司马光也曾论述衡量一个人要以德行为本，"才者，德之资也，德者，才之帅也"。"仁、义、礼、智、信"正是儒家道德的集中体现。

中华民族向来是和平为上的民族，将和平和谐建立在基础之上，采用兼容并蓄的理念。"礼之用，和为贵。先王之道，斯为美；小大由之。有所不行，知和而和，不以礼节之，亦不可行也"（《论语·学而篇》）。中国人一直崇尚"亲仁善邻，国之宝也""四海之内皆兄弟也"的和平思想，在多年来的发展历程过程中，坚持和平为上。中华文化也一直坚持包容并蓄的态度，并将自身文化不断向海外辐射，构建了将华夏文明作为核心的文明圈，并且通过陆上和海上丝绸之路与世界建立文化交流。爱好和平的思想，也融入了民族精神世界，是处理国际关系的重要理念，在整个中国传统文化之中都始终贯穿着爱好和平、团结统一等中华民族精神。事实上，这与古代有许多文人志士都对爱国主义精神进行了充分歌颂，例如杜甫的"国破山河在，城春草木深"，屈原的"亦余心之所善兮，虽九死其犹未悔"、文天祥的"人生自古谁无死，留取丹心照汗青"。

根据党的十九大报告可知，中国人民要同世界各国的人民站立在一起，促进人类命运共同体建设，并且尊重世界文明多样性，求同存异、共同发展。这意味着文明的交流、对话会促进人民命运共同体的发展，在世界经济一体化不断发展的过程中，人类文明也要兼容并蓄、求同存异，寻找共同理念。在国家层面，我国一贯奉行中和之道。在发展富强的同时，与许多睦邻友好交往，"一带一路"

正是对你好我好大家好理念的贯彻落实，一贯推进开放、包容、普惠、平衡、共赢的经济全球化，创造共同发展的条件。中国在解决国际争端方面，反对战争及极端主义，主张以和平方式解决，但也发展自身国防，不以牺牲民族利益换取和平，在解决钓鱼岛问题，朝鲜核武风云中都体现了大国风范。中和思想主张既允许文明差异存在，也要求求同存异，相互借鉴。"万物并育而不相害，道并行而不相悖"习近平总书记多次用此段话说明"合则两利，斗则两害"。儒家所提倡的大同理想社会，"大道之行，天下为公"这一美好理想被习近平总书记发展为构建人类命运共同体的战略构想。

中华民族在历史上以文明著称，能够在世界文化碰撞中占有一席之地所依赖的并非经济、军事力量。获得世界关注的关键是有优秀的传统文化，并且以优秀的传统文化立国兴邦，是中华民族能够长远发展的关键。现阶段，中华民族的伟大复兴，为构建良好的国际治理秩序，促进世界和平及人类共同发展发挥了关键的作用。"天行健，君子以自强不息"。从古至今，中华民族始终推崇的理想信念以及道德传统就是自强不息，做人必须要坚韧不拔，敢于拼搏。"天将降大任于斯人也，必先苦其心志，劳其筋骨，饿其皮肤，空乏其身，行拂乱其所为，所以动心忍性，曾益其所不能。"此类精神也曾被孟子和孔子积极倡导，"发愤忘食，乐以忘忧，不知老之将至云尔。"（《论语·述而》）实现中华民族伟大复兴的中国梦是我们的最终理想，实现这一理想需要全国各族人民不懈奋斗，顽强拼搏才能够实现，优秀传统文化自强不息的崇高理想信念体现了我国人民自古以来的奋斗精神，这对激励当代人民团结奋斗有着十分重要的意义。

"仁，人之安宅也；义，人之正路也"（《孟子·离娄上》），社会主义核心价值观是传统文化"仁"的时代再现，它以一种"精神还乡"的方式带来心灵的抚慰与正能量的勃发。"仁"是对人的价值和人性平等的肯定，是为人立身处世的基础。"仁者，人也"明确揭示了仁的基本内涵。孟子有道："恻隐之心，仁之端也。"（《孟子·公孙丑上》）"仁者爱人"是对"仁"最基本的解释，厚仁贵和，敦亲重义，乐善好施，扶贫济困，一直都是中华民族的传统美德。"至仁"则是"使天下兼忘我""利泽施于万世，天下莫知"的广阔胸怀；"仁"体现在政治上则要求为政者关心民生，感召民心仁治思想最早始于《尚书》"敬胜怠者吉，怠胜敬者灭……以仁得之，以仁守之，其量百世"。《尚书》把能持守仁义视为夺取政权，稳固政权及国运长久的道德根基。孔子说，"道千乘之国，敬事而信，节用而爱人"（《学而》）如果不仁爱，则国家危亡，社会混乱。孟子曰，"不仁而在高位，是播其恶于众也"。施行仁政是治国安民的重要法宝，也是社会和谐的必要条件。"仁"

体现在人与自然的关系方面，则要求人与自然和谐相处。

"仁"与"和"不可分割且具有很强的互补性。"仁"是"和"的根基，修"仁"的目的是为了实现"和"，"仁"能够在提高个体道德修养方面促进"和"，能够造就和谐之境；而"和"是"仁"的目的与结果，作为"仁"的理想目标和终极价值，对其起统摄作用。

（二）优秀传统文化的时代价值

中华优秀传统文化一直不断地自我革新，自我发展，通过不停地整合、扬弃、创新，涅槃重生，积淀了最优秀的文化思想的精华，对整个民族进程产生了深远的影响。在社会主义现代化建设的过程中，中华优秀传统文化起着非常重要的作用，至今依然闪耀着真理的光芒，指引着中华民族向着中国梦不断前进。当今世界不仅在经济、政治、军事、科技方面的竞争越来越大，在文化方面的竞争也越来越激烈，文化对国家、民族、社会的发展具有不可替代的作用，同时也是一个国家、一个民族安身立命的根本。

1. 提供发展智慧，助力民族复兴

当今国际关系已经形成一个理性平和、尊重礼让的秩序，中华优秀传统文化为世界提供了更多的文化准则。我国自古就推崇仁义为先，以德治国，如"重礼贵和"便是强调要用礼来处理各种矛盾和纠纷，以此来达到人们和谐安定的目的。

一个组织、一个企业，甚至整个社会都是由个体按照一定原则有序地组成起来的，每个人都有自己负责的工作岗位，所有人都有自己要担任的角色，按照规章制度分工协作，在各自的岗位上做好自己的本职工作，并与周围的人存在着各种各样的关系，包括上级和下级之间，领导与被领导的关系，有顾客和商家之间，服务与被服务的关系以及不同群体之间竞争与合作的关系，等等，这些关系的持续需要用严格的章程制度来维持，如工作流程制度、请假休假制度、向上级汇报制度等。

许多企业实行奖励激励制度，一年或者一季度进行"优秀职工""先进模范"等荣誉称号的评选，激励鼓励全体员工不断提高工作效率。中华优秀传统文化在其中发挥了重要的作用，不仅能有效提高全体员工形象，还能调节员工与员工之间的关系。

随着社会经济的不断发展，政治制度的不断完善，文化产业的不断成熟，中华优秀传统文化在经济政治发展中的作用越来越明显，直接或间接地影响着经济利益和政治效益。

在商场上,中华优秀传统文化主要是通过提供高素质的人才营造良好的经济交际环境,如果每个企业都能推崇中华优秀传统文化原则,所有的职工都懂得中华优秀传统文化细则,都学习优秀的文化,恪尽职守,勤勤恳恳为企业贡献自己的聪明才智,那么企业的发展将会得到较大的改善。相反地,如果一个企业文化规则混乱,员工之间不信任、不尊重,钩心斗角现象严重,不仅会使办事效率低下,而且还会阻碍整个企业的发展。

改革开放以来,我国在经济上取得了巨大的成就,同时也面临着一些问题。中华优秀传统文化历经几千年依然熠熠生辉,可以为新中国的现代化建设提供智慧。

首先,中华优秀传统文化的"民本思想"等为新中国的政治建设提供了新的思路。

其次,中华优秀传统文化中蕴含着丰富的"和谐"思想。当今时代由于经济的发展也产生了一系列的社会问题,不诚信,不道德的事件也时有发生。要解决这些问题,中华优秀传统文化中的诚信,仁爱思想是必不可少的。最后,中华优秀传统文化中的"仁爱睦邻""四海皆兄弟""和而不同"的思想生动地体现了中国是一个热爱和平的国家,同时为中华民族的复兴提供发展智慧。

在历史的长流中,中华优秀传统文化之所以能够一直流传下来,是因为自身的兼容并蓄,使得各民族智慧得以汇聚,并成为凝聚各民族归属感和认同感,是推动社会和时代发展的重要力量。从屈原的"长太息以掩涕兮,哀民生之多艰",到顾炎武的"天下兴亡,匹夫有责"。在古代历史上,无数诗词篇章记录下了古人对于国家的矢志不渝。从一声炮响到嘉兴画舫,再到新中国成立,近代无数仁人志士也在古人的诗篇中得到激励,前赴后继为民族振兴而不懈奋斗。

在当代,不论是抗击新冠疫情还是打赢脱贫攻坚战,都离不开中华民族血液里流淌的中华优秀传统文化所给予的精神力量,中华各族儿女万众一心,众志成城。才使得中华民族一次又一次的战胜困难。中华优秀传统文化是一个纽带,将身处世界各地的中国人紧紧缠绕。每一个重要时刻的诞生,都能激起中华儿女对于中华民族的认同感和自豪感。这份对于国家对于民族的认同感和自豪感,又在继续鼓舞着一代又一代的中国人不断为中华民族的灿烂明天做出自己的贡献。现在我们站在新的历史起点上,肩负着实现中华民族伟大复兴的重担,在面对不断加大的外部压力时,中华优秀传统文化所蕴含的精神力量,仍在鼓励我们奋勇向前,不断进取,为实现中华民族的伟大复兴而贡献出自己的力量。

2. 促进和谐社会的构建

社会的发展日新月异，高科技的不断出现极大地改变了人类社会的格局。在科技不断发达的情况下，人们的生活更加富裕了，质量更加高了，有时候却找不到了曾经的幸福感、信任感、安全感。因为有许多伴随着技术革新到来的不和谐因素严重影响了人与人、人与社会、人与自然的关系。

和谐是指不同事物之间相辅相成、互助合作、互惠互利、和睦协调的关系，是辩证唯物主义和谐观的基本观点。中华优秀传统文化重视人际交往中和谐关系的形成，因此提出一系列处理人际关系的准则。我国古代的"和谐"，首先强调的是具有差异的不同事物之间相互结合、统一共存的状态，其次讲究的是社会呈现出安宁稳定的状态，也就是人与人之间相处融洽，最后要追求人与自然的和谐相处，遵循事物发展的客观规律。中华优秀传统文化提倡要建立和谐的思想观念，在社会的人际交往关系准则中贯穿团结合作、互帮互助、安定有序的理念。整个社会呈现出和谐的精神面貌，能够推动经济繁荣发展、个人积极向上。

当今社会在辈分、年龄、性别、职业、岗位、知识水平等方面还显露出人与人之间的差别待遇。虽然社会在日益发展和进步，并且随着民主自由思想的深入人心，人与人之间严密的等级关系已经基本被消除了，但还是会有消极的因素存在，这也构成了如今复杂的人际关系网。中华优秀传统文化的本质、价值、功能和意义有着完善的理论体系，并对和谐社会的构建、对形成良好的社会风气具有重要的作用，所以要加强传承中华优秀传统文化，促进形成和谐的社会氛围和稳定的交际关系。为了促进和谐社会的形成，我们急需一种强大的意识形态的凝聚力量，将不同群体紧密联系起来，中华优秀传统文化的社会功能不可忽视，它可以确保社会的和谐稳定和长治久安，促进社会经济的发展，继承革新中华民族灿烂的文化。在以和平和发展为主题的当今世界，拥有良好的大国形象已经成为一个国家崛起的重要因素，这种形象和魅力的来源与一个民族的优秀传统文化有着密不可分的关系，当前我国的经济和科技实力在不断地提升，在中华优秀传统文化方面还有很大的发展空间。

3. 提升国家软实力

萨缪尔·亨廷顿在《文明冲突与世界秩序的重建》一书中提出，未来世界将是以文明为博弈主体的全球冲突。文明是文化发展的最高形式，近邻日本历史上曾多次派人来中国学习中华文化，并将其衍生为本民族文化的一部分。近代以来，日本不断对本民族传统文化进行保护与发展。将民族传统文化上升为一种精神力量，在每一个日本人心中形成强烈的民族自豪感，日本的"和"文化给世界留下了深刻的印象。因此，树立文化自信是十分必要的，文化强则国家强。要实现文化自信，就必须做好中华优秀传统文化与时代发展相结合的工作，既要传承传统历史又要立足当下，避免"文化自大"与"文化自卑"。博大精深的中华优秀传统文化是文化自信的"灵魂"，爱国情怀、奋斗精神、革新意识等千百余年所传承的文化理念，早已根植于每个中华儿女的心中，构成了中华民族特有的精神世界，并在世世代代的生活实践中，形成了独特的世界观、人生观和价值观，成为影响周边国家的中华文明。

党的十八大以来，习近平总书记提出的要增加文化自信，建设社会主义文化强国，强调"文化自信是更基础、更广泛、更深厚的自信。"文化是一个民族的精神所在，是人们赖以生存的精神食粮，是一个民族最独特的印记，是一个民族持续发展的不竭动力。中华优秀传统文化是中华民族的血液，是中华民族的瑰宝，是实现中华民族伟大复兴的精神动力，是中华民族的根和魂。

首先，从历史进程来看，在中华民族五千多年的历史长河中，中华优秀传统文化记录了中华民族光辉的发展史，在近代以前，中国一直是世界上最发达最繁荣的地方，而且中华文明从未间断过，这是历史的奇迹，也是世界的奇迹，给中华民族乃至整个世界留下了宝贵的精神财富。

其次，从文化的内容来看，中华优秀传统文化博大精深，浩如烟海，很多思想在今天依然闪耀着真理的光芒。例如：诗词歌赋和书法艺术、医学典籍、天文历法、农业书籍等，其中蕴含着中华民族广大劳动人民的精神智慧，体现了中华民族最独特的魅力。新时代党和国家非常重视中华优秀传统文化的发展，这对于我们增强文化自信，推动文化强国建设具有重大的现实意义。

一个国家的综合国力不仅仅包括科技、军事、经济、政治等方面，还包括国民素质、文化水平、文明习惯等，一个国家想要真正的强大，必须提高国民的素质，开展中华优秀传统文化教育便是提高国民素质、提升综合国力的一种方式。由于历史发展、文化传统和风俗习惯的不同，每个国家和民族都有自己独特的文化，中华优秀传统文化是独一无二的，充分展示了国家的民族特色和个性化特征，"不忘历史才能开辟未来，善于继承才能善于创新。优秀传统文化是一个国家、一个民族传承和发展的根本，如果丢掉了，就割断了精神命脉"。不断加强学习和深入理解中华优秀传统文化，充分发挥其在国际上的魅力，展示我国的文化特色。习近平总书记常常提起："提高国家文化软实力，要努力展示中华文化独特魅力"。中华优秀传统文化历经几千年的完善和发展，不断地学习外来文化的精髓，取长补短，这种经过历代先贤不断完善，继而得以千年传承的中华优秀传统文化，可谓是举世无双，它很好地诠释了谦逊、平和、仁义、博爱、公正的泱泱大国形象，逐渐受到世界各国人民的喜爱。在唐朝时，有众多的胡人曾经住在长安，他们在长安经商甚至做官，在人们的日常交往中看到了谦和、关系融洽的场景，甚是羡慕，并由衷地发出赞叹。人们创造了源于生活的文化，文化酝酿着与时俱进的精神，中华优秀传统文化是宣传思想工作、哲学社会科学工作的文化。

弘扬和传承中华优秀传统文化，坚持文化自信，加强文化软实力建设。建立中国主流媒体对外传播的平台，利用网络数字新媒体，传播中华优秀传统文化，宣传正确的舆论导向。从而提高新闻舆论的传播力，掌握国际话语权，增强中国国际影响力，牢牢占据国内思想高地，打赢国外舆论持久战。

4.提高个人文明素养

加强个人对中华优秀传统文化的学习，能够提高个人文明素养，掌握正确的行为规范，促进人与人之间形成和谐的交往关系，因为"礼是个人自处及人与人之间相处之道"。所谓"礼到人心暖"，在文献典籍中就有记载，如清朝的宰相张英以礼让为先，当家人与邻居产生矛盾时，他写信并赋诗劝诫家人，才有了这一段令人们歌颂，广为流传的佳话《六尺巷》。中国自古便提倡这种正道直行、大公无私、天下为公的高尚品质。西方文化里有一则故事，讲的是亚当和夏娃在伊甸园偷吃"禁果"后，与上帝订了一个契约，那就是经后不管历经多少年多少代，亚当和夏娃的子孙一出生灵魂里面就有邪恶，所以西方文化认为人性是恶的，称为原罪。相反地，中华优秀传统文化里没有救世主、没有上帝，人性本善，灵魂交给道德来管。凭着这样一种信念，中华优秀传统文化非常注重道德，讲天理、公道、良知，故把可以操作的、可以拿来检查的、可以拿来对比的行为规范与道德紧密联系起来。从古至今，中国便注重人的德行的形成和培养，注重"德"在社会发展中的重要作用。《论语》开篇"学而时习之，不亦说乎"，其中"学"与"习"指的就是对于德行的修养和实践。《大学》也对"德"提出了要求："大学之道，在明明德，在亲民，在止于至善。"因此，古代将个体道德的价值标准归结于君子之"德"。这是千百年来世世代代中国人所遵循的价值取向，也是学习中华优秀传统文化所必不可少的部分。

著名教育家蔡元培认为高尚的个人文明素养应该包括德、智、体、美全面发展。其中，个人素养通过言谈举止和谈吐风范表现出来，学习文化成为提高个人文明素养的重要方式，还可以通过中华优秀传统文化中提倡的内容与自己的言行举止进行对照，不断地反省自己。中华优秀传统文化对个人文明修养的描述强调社会交往方面，非常注重处理人际关系。个人文明素养强调的是一个完美的人格形象，我们通常说人的整体精神风貌，就是说的一个人在处理，人际关系时的性格、气质、能力和道德品质都非常符合中华优秀传统文化提倡的核心素养，文化素养高的人在日常的人际交往中会让人觉得心旷神怡。

中华优秀传统文化要发挥功能，提升个人文明素养，就必须使个人拥有一颗强大的内心，不在复杂多变的环境下随波逐流。一定要坚持自己的信念、信仰和原则，通过不断学习勤于思考、审视自己的言行举止，从而不断加强自己的修养，实践是检验真理的唯一标准，在学习的同时还要外化于行。中华优秀传统文化为个体成长创造良好的生活环境，这是提升个人文明素养的重要途径，要尊崇礼、安于礼、行于礼，不断将中华优秀传统文化运用到实际生活中，用礼来解决各种矛盾和各种社会问题。

21世纪，随着信息技术的高速发展，中国改革开放程度的不断加深，对外交流越来越频繁，各种文化思潮与价值取向犹如一把双刃剑，稍有不慎，便会对当代青年人造成严重的负面影响。因此，以"德"为中心的中华优秀传统文化的价值取向是抵御这把双刃剑的重要手段。"德"既包含了国家层面上的爱国主义也包含了个人层面上的严于律己，又时时与时代发展潮流结合在一起，以中华优秀传统文化作为底蕴滋养人，以社会主义核心价值观作为时代准则约束人。通过这样的价值取向，来引导人们自觉抵御不良思潮所带来的负面消极影响。中华优秀传统文化经过几千年的发展，已具备相对完整的体系，它涉及精神、文化、自然、社会等方面，因而对提高个人文明素养具有重要的作用。一个具有高品质、高素养、高学识的人会在日常的行为举止中表现出得体的文化行为，这也是提高个人文明素养的重要体现，一个人思想品德的形成过程，实际上是他们的知、情、信、意、行五个要素均衡发展的过程。文化素养的养成能够使个体在生活、学习和工作中尽善尽美的扮演好自己的角色，一个具有崇高文化素养的人会常怀着一颗诚敬之心，不会因身份、角色的不同而区别对待他人。所以，大力传承中华优秀传统文化，学习相关的文化是提升自我素养的重要方式。

第五章 优秀传统文化传承发展的现状

优秀传统文化传承发展的现状在新时代是需要充分了解的。本章分别从优秀传统文化传承发展的重要意义、优秀传统文化传承发展面临的问题和优秀传统文化传承发展的基本原则三个方面来介绍优秀传统文化传承发展的现状。

第一节 优秀传统文化传承发展的重要意义

中华优秀传统文化的传承发展对国家、政府和人民来说都具有非凡的意义。

一、理论意义

（一）丰富和发展了马克思列宁主义传统文化成果

中国共产党在对马克思、恩格斯和列宁传统文化观吸收借鉴的基础上不断探索科学的、适应社会发展需要的弘扬举措，这是对马克思列宁主义传统文化成果的丰富和发展。中国共产党人的政治灵魂一个重要方面，就是始终坚持用马克思列宁主义来指导中国革命、改革和建设的实践，文化层面亦是如此。马克思列宁主义传统文化观的最终目标是实现人的自由而全面发展，立足实践，阐述了文化的意识形态性思想，以扬弃的态度批判继承传统文化，运用马克思唯物史观弘扬传统文化。中国共产党坚持马克思主义在意识形态领域的指导地位，遵循马克思主义的基本观点，继承马克思列宁主义传统文化观，结合中国社会文化现状，以辩证思维继续将思想从主观主义和形而上学的桎梏中解放出来，阐明对于中华优秀传统文化地位作用的认识，提出大力弘扬中华优秀传统文化来为治国理政提供有益指导，其弘扬力度前所未有，可谓是盛况空前。新时代，中国共产党坚守中华优秀传统文化立场和"根"基，以辩证的态度否定文化割裂，旗帜鲜明的将"创造性转化、创新性发展"作为核心方针和解决现实问题之需，扬弃继承，萃取精华要义，使之与中国共产党的宗旨有机结合，成为有利于助推社会发展的文化，成为滋养当代中国马克思主义的文化。从根本上看，新时代中国共产党弘扬中华优秀传统文化所突出的也正是"人民性"，目的是为了回归人民，不断满足人民的精神文化需求，通过文化发展来促进人的发展，这是对马克思列宁主义传统文化观的一种反映。因此，新时代中国共产党在立足本国国情基础上，弘扬中华优秀传统文化促进了党对马克思列宁主义传统文化成果的进一步丰富与发展。

（二）深化和拓展了中国共产党历代领导集体传统文化理论

中国共产党历代领导都会基于各自的历史条件和时代背景，直面国内外文化发展态势的机遇和挑战，态度鲜明、立场坚定地提出符合特定历史条件下文化传承发展的合理思想。纵观中国共产党历代领导集体的活动讲话和文章著作，均可感受到浓厚的文化气息。可以说，20世纪90年代是一个分水岭，在这之前中国共产党延续中共七大所正式确立的以"批判继承"为核心的传统文化观，文化讨论以批判特征为主，在传承中发展；在这之后，面对国际出现的东欧剧变、苏联解体等一系列事件，面对国内解放思想、改革开放新阶段，中国共产党实现了由"批判继承"到"大力弘扬"的态度转变与创新，文化讨论以理性阐释为主，在转化中与文化建设交融贯通。党的十八大以来，社会上围绕文化发展，充斥着"如何对待？""能否为新时代所用？"的疑问。党中央传承党的历史经验，总结现实情境，担负起全面复兴中华优秀传统文化的使命，对其高度重视并要求大力弘扬，一系列弘扬的新举措应运而生，主张以更全面、更严格、更积极、更自觉地弘扬态度，实现中华优秀传统文化与民族信仰的时代融合，有力反对文化保守主义和文化虚无主义等错误思潮和观点，不断满足日渐增长的文化需要。新时代中国共产党对中华优秀传统文化的认知程度进一步加深，将其作为解疑释惑的力量源泉大力弘扬，注重从中汲取治国理政的经验和智慧，从国家富强、社会繁荣和个人价值理念与道德规范等层面，探寻其具有的时代价值，传承与弘扬的举措更加具体。党中央一系列坚定的弘扬举措提升了中国特色社会主义文化自信，对实现构建社会主义文化强国的宏伟目标起到了推动作用，离实现中华民族伟大复兴的中国梦更近了一步。由此，新时代中国共产党弘扬中华优秀传统文化是更深层次的深化和拓展了中国共产党历代领导集体的传统文化理论，一脉相承又创新发展。

二、实践意义

（一）为抵御西方国家文化侵蚀提供了思想指导

经济全球化必然导致文化的全球化，文化的比拼必然与市场的竞争共存。西方凭借着其强大的经济优势，对我国进行文化的侵蚀，在刺激我国文化创新的同时，直接或间接地影响着国民形成"崇洋媚外""拜金主义"以及"历史虚无主义"等不良价值观，对中国人的思想道德境界造成冲击，破坏着中国人固有的价值体系。文化有别于政治经济，文化作为上层建筑，属于意识形态的范畴，当文化安全面临威胁、受到外来文化侵蚀时，我国的文化主权会遭到破坏，意识形态领域遭遇冲击，那么我国社会发展的根基必然会动摇。我国正处于社会主义建设的关键时期，不可避免地会与其他文明相互交流，由于各国自身利益的驱逐，会给予西方国家可乘之机以一种隐蔽性的方式来对我国进行文化入侵，我们必须要提高警惕，加强对于文化的甄别能力，以维护好我国的文化安全。中华优秀传统文化是中华民族绵延五千的"根"与"魂"，其中包含的无数得天独厚的文化宝藏，对于今天来讲价值与意义非凡，它能够保障中华文明在世界文明之林中屹立不倒。站在新的历史起点上，面对国内国际局势的巨大变动，习近平总书记关于中华优秀传统文化的重要论述，为我国自觉抵制外来错误思潮，提高对中华传统文化的辨识能力和保护能力以及扩大中华文化的国际影响力提供了至关重要的思想指导。不仅如此，在经济全球化带动文化全球化的今天，世界文明交往密切，在习近平总书记弘扬中华优秀传统与文化的论述中，我们可以汲取对于本民族文化和外来文化的态度问题，他要求我们采取"扬弃"态度传承本民族的传统文化，采取辩证的态度借鉴和吸收外来文化，警惕外来落后文化对于我国传统文化的冲击，这就有利于符合时代要求的优秀传统文化与当代文化以及外来先进文化在当今中国人价值观中的融合，使得人们形成抵御外来文化侵蚀以及在意识形态领域的渗透，保障了我国的文化安全。

（二）为实现伟大复兴中国梦夯实了文化基础

实现伟大复兴的中国梦，建设社会主义现代化强国，不仅需要有经济作为支撑点，更需要发挥文化软实力的凝聚力，而文化自信作为更强大的力量必不可少，文化自信的底气就来源于优秀传统文化的深厚底蕴。习近平总书记在国内外各种场合都提到了中华优秀传统文化对于我国坚定文化自信的重要性以及文化自信对于我国实现伟大复兴中国梦的重要性。习近平总书记关于中华优秀传统文化的论述对社会发展有着举足轻重的促进作用，不仅创新了传统文化的精髓，为习近平总书记谈治国理政提供滋养，指明了传统文化发展的正确实践方向，使得绵延五千多年的中华优秀传统文化绽放出时代光辉；也为培育中国人民的传统文化素养提供了深厚的理论资源和思想指南，成为中国人的精神动力，激发了中国人对于中华优秀传统文化的兴趣，起到了凝聚人心的作用，也促使我们要坚定民族文化自信，自觉地承担起传承中华优秀传统文化重要的历史责任，积极主动地做一名中华优秀传统文化的传播者和践行者，从而推动中华优秀传统文化向现代转化，增强民族自信心和自豪感，增强民族认同感和民族凝聚力，成为实现伟大复兴中国梦的重要文化保障。

1. 有利于提升中华民族的文化自信

新时代中国共产党围绕大力弘扬中华优秀传统文化，在许多重要场合反复提出新的思想和举措，科学指导了更好的发展，弘扬沉淀在中华优秀传统文化中的思想精华，为提升中民族文化自信提供了宝贵资源，对增强民族底气具有积极作用。近代以来，国人对待自身文化的自豪感和优越心理已逐渐被屈辱感和自卑心理所代替，战争摧毁的不仅仅是政治与经济，对文化的影响更加深远，许多中国人的自信心和价值观受到冲击，甚至有人主张"全盘西化"的极端论调。回顾中国近代史遭受的侵略教训，这是历经苦难的过程，是不断破除封建迷信、摒弃封建糟粕的过程，是中华文化走向开放的"觉醒""思变"过程。现如今，新时代中国共产党继往开来，所肩负的中华民族伟大复兴中国梦迎来关键点，为了使中华民族永立于世界民族之林，万万离不开高度的中华民族文化自信。基于此，党中央统筹一系列弘扬中华优秀传统文化的举措，弘扬的主体、空间和维度被前所未有的统筹调动起来，这在实践中降低了广大民众对中华文化的疏离感，有效扭转了不良文化态度，更好维护了主流意识形态安全，在很大程度上坚定了、提升了文化自信。经过数千年的发展与积累，中华优秀传统文化根基坚实、特色鲜明、兼容并蓄、博大精深，这是树立文化自信的底气。新时代中国共产党用正确的眼光认识、用科学的态度对待中华优秀传统文化，坚持追本溯源、开辟创新的挖掘其中"为政以德"的政治文化、"以义正我"的经济文化、"察民惜民"的社会文化、"万物齐一"的生态文化等，将其运用在治国理政和应对各种国际国内事务上，为广大民众所知，引导广大民众更加科学、理性的认识并植根于心。稳步提升广大民众的文化、思想内涵的同时，摆脱近代战争带来的文化自卑心理，增强中华民族的文化自信，从而在精神领域使道路自信、理论自信、制度自信获得信念根基与牢固认同。

（三）为建设社会主义文化强国提供保障

中华优秀传统文化在举旗帜、聚民心、育新人、兴文化、展形象等方面有着举足轻重的地位和作用。新时代，中国共产党大力弘扬中华优秀传统文化，弘扬工作致力于"促进满足人民文化需求和增强人民精神力量相统一"。可以看到，文化建设的根基不断被夯实，当代中国的价值观念既承接创新又不忘本来，对国家形象的塑造越来越行稳致远，这为2035年建成社会主义文化强国提供了坚实基础。要将中国建设成为社会主义文化强国，需要强劲的、不竭的文化创造动力，没有强劲的文化创造动力，社会主义文化强国的建设就会徒有空壳，不具有优越性与独特性，即使建成了也不可能持续，因而必须大力弘扬中华优秀传统文化，充分发挥其价值所在，迸发文化创造的非凡活力。新时代的中国共产党紧扣时代脉搏，不断挖掘中华优秀传统文化在各领域的优秀元素和优势资源，以"创造性转化、创新性发展"原则，融合时代需求大力弘扬，将中华优秀传统文化发展、凝练和升华为具有鲜明的主导价值观的主流文化。除此之外，新时代中国共产党还将中华优秀传统文化作为广大民众精神力量的秘密武器，不断产出了具有原创性和时代性的高质量文化作品，提升了以公共事业为支撑的公共文化服务体系，完善了现代文化产业体系，更加规模化、系统化地拓宽了弘扬路径，有效补齐短板，统筹各部门力量，形成举国弘扬的合力来满足国人多样化的精神需求，弘扬的实效性大幅增加。一系列举措增强了中华优秀传统文化在国人心中的感召力，植根于个体意识达到深入人心的效果，基础文化素养水平和道德水平都有显著的提升。以中华优秀传统文化这一先进文化作为切入点，具有"面向未来"的科学价值和理论逻辑，使"弘扬"成为新常态，推动社会主义文化兴旺发展，这又构成了新时代建设社会主义文化强国的实践逻辑。因此，新时代中国共产党大力弘扬中华优秀传统文化为建设社会主义文化强国提供充足养分和强大支撑，有利于实现社会主义文化强国的目标。

（四）为推进我国社会主义精神文明建设的增添了活力

近些年，我国经济虽得到了迅猛发展，经济实力竞争逐渐增强，人们的物质需要得到了极大的满足，但在利益的驱动下，精神文明并没有紧紧跟随物质文明的脚步，呈现出一定的滞后性，人们的道德缺失现象日益显现，甚至做出了一些违法行为，严重扰乱了社会秩序。思想道德作为上层建筑，属于意识形态的范畴，对于经济基础有着重要的反作用，如果不及时加强精神文明建设，使不良道德观和价值观放任自流，势必会破坏社会风气，造成不和谐因素混入社会，严重阻碍社会经济的发展，这就迫切需要中华优秀传统文化中蕴含的美德以及社会道德来规范人们，引导人们形成向上、向善的社会风气。

习近平总书记关于中华优秀传统文化的系列讲话，是值得我们每一位青少年认真学习的，尤其是他对于中华传统美德的精髓进行了现代意义上的诠释。在个人层面，他借鉴古人的经验告诉我们要诚实守信、与人为善、秉承"忠恕"的交往原则、培养自身明白是非的能力，要人们热爱自己的职业，要有爱国情怀；在社会层面，通过各种渠道传播积极向上的社会风尚，将社会主义核心价值观教育贯穿于国民教育的始终，促使人们主动遵守道德规范；在国家层面，习近平总书记坚持依法治国和以德治国相结合，告诫广大党员干部要廉政仁政，以身作则，坚持"以人民为中心"的理念，切实维护好广大人民的根本利益，习近平总书记在关于中华优秀传统文化的论述中，将中华优秀传统美德的精髓浓缩凝练为社会主义核心价值观的二十四个字，在个人层面、社会层面以及国家层面提出了道德要求，有利于规范人们的道德行为，促进社会和谐稳定，指导我国所面临的道德困境得以解决，也成为我国思想道德建设的重要行动指南。

（五）增强我国文化的国际影响力

党的十八大以来，中国处于近代以来最好的历史发展时期，也处于世界百年未有之大变局的关键时期。国际形势错综复杂，反而是中华优秀传统文化发展的重要机遇，中国共产党并没有错过这次时机，大力弘扬中华优秀传统文化，积极宣传优秀的价值理念，营造崇德向上的社会风尚，得到国际社会的普遍认可与推崇，这对于增强中国文化的国际影响力意义重大。中国文化拥有国际影响力的显著标志是什么？是中国思想价值观念的国际传播、认同与吸纳。中国共产党非常注重中华优秀传统文化在国际、国内的发展，注重其内外联动。一方面，不仅重视文化事业和文化产业的发展，更是致力于提高国人的文化素质，从根本上实现文化力量最大化，当国人发自内心的对本国文化产生认同感，对本国文化产生自信、自豪感，能担负起中华优秀文化的传播重任，才能更好地推动中华文化的繁荣发展，让中国文化在国际的影响力快速提升。另一方面，致力于提高国家文化软实力，"只有当一种文化广泛传播时，软权力才会产生强大的力量"。以软要素作为驱动力，将中华优秀传统文化资源转化为国家文化软实力，在各国举办具有中国文化特色的"年""节""会"交流活动，广泛涉及各领域、各门类、各学科。考虑到发展前景，倡导"交而通"的传播理念，追求多元共生的相处模式。搭载多种传播平台，在全球范围内展示并传播具有千年历史的中华优秀传统文化，让世界感受中国的优秀文化传统和优秀文化理念，让越来越多的国家、地区和人民认识和理解真正的中国和中华优秀传统文化，让中国文化的国际影响力日益扩大。如今，随着中国的繁荣富强，越来越多的国家和组织开始关注并探索中国的历史与文化，这正是党中央大力弘扬中华优秀传统文化的最好时机，可谓正逢其时、正当其时。弘扬工作大力开展以来，国家文化软实力在实践的过程中得到显著提升，不断积累实力的"量变"，致力于长期促进"量变"以达到"质变"，这是增强中国文化在国际范围内影响力的重要条件和因素，也是一个突破点，具有重要意义。

（六）助推了"中国智慧"和"中国方案"走向世界舞台

新时代，中国共产党大力弘扬中华优秀传统文化，将民族性与世界性相统一，在处理国际事务时做到有礼有节有据，通过改革开放走向世界、融入世界进而影响世界，为世界和平与发展做出应有贡献。中华民族爱好和平，但近代以来，中华民族被迫陷入黑暗的深渊，中国共产党带领中华儿女不甘屈辱、奋勇抗争，付出了巨大的牺牲，最终捍卫尊严，涅槃重生。深知"和平"之可贵的新时代中国共产党以"和"文化来论述中华民族的和平发展之路，站在"和"的视角想问题、办事情，为努力营造和谐环境做出了不懈的努力。中国共产党统筹全局，用"共同构建人类命运共同体"的新话语回应"威胁"和"崩溃"论，这不仅闪烁着马克思主义的光辉，更是对中华优秀传统文化中"和合"思想的有力实践，体现了中国文化的智慧。同时，"一带一路"也正是在古丝绸之路的基础上，经过创新，发展的一条"和合之路"。一方面，中华优秀传统文化中"讲信修睦、近悦远来""大道之行、天下为公""协和万邦、万国咸宁""和而不同、求同存异""达则兼济天下""兼相爱、交相利""和实生物""敬事而信""守望相助"等文化基础的时代创新，是中华优秀传统文化对世界文明进步实践所贡献的智慧，以"礼"的视角出发，中国为人类社会的和谐美好发展提供了方案，"和为贵"的处事准则，彰显了文化衍生所依托的负责任大国形象。另一方面，中国式的方法和弘扬中华优秀传统文化的态度在一定程度上具有"普适性"，中国共产党推动"创造性转化、创新性发展"的重要举措，可为其他对处理本国传统文化遇到困难和问题的国家，提供理论依据和方法论，提供中国智慧和中国经验。除了"和谐智慧"，中国共产党还将中华文化五千多年历史发展中积淀的哲学智慧、生存智慧和生态智慧等为人类社会所共享，已得到国际社会广泛响应和赞赏，联合国和众多国际组织多次引用和推广这些思想的核心要义，标志着中华优秀传统文化能够乘势而上，能够向世界传播民族复兴的道义内涵，能够在世界舞台上发挥着重要影响力，为世界和平与发展贡献中国方案、中国智慧和中国力量。

第二节 优秀传统文化传承发展面临的问题

中国特色社会主义进入新时代，实现中华优秀传统文化的传承、发展和创新，建设文化强国作为一项重要战略任务，摆在突出位置。中华优秀传统文化传承发展面临一系列理论和现实问题。

在国内，随着市场经济体制的建立，不同利益群体逐渐形成，利益诉求开始多样化。这种文化交融与冲突给中华优秀传统文化发展带来新的挑战。要重视挖掘中华五千年文明中的精华，弘扬优秀传统文化，把其中的精华同马克思主义立场、观点、方法结合起来，在文化建设中克服传统文化自身历史局限的制约，抵制各种错误思潮的干扰，结合时代发展需要创造性转化创新性发展，在世界多元文化碰撞中站稳脚跟，彰显中华文化的永久魅力。

一、自身历史局限的制约

文化形成与发展是一定社会历史条件下的产物，受到地理环境、社会形态、生活习俗的影响与制约。中华传统文化是农耕文明、宗法社会下的产物，受到传统宗法观念、封建制度的制约，带有封建思想的残余，具有一定的历史局限性。中华传统文化既有精华又有糟粕，如何适应时代发展，不断实现自我创新与转化是文化生命力延续的根本所在。

（一）传统观念对人的束缚与制约

人的价值要从伦理道德中得以寻找，遵循社会约束道德规范，才能实现人生价值。这种思想观念将人的视野仅仅局限于对社会道德领域的思考，注重社会道德理想的自我修养，而忽略了对自然领域探索和研究，表现出重人伦轻自然的学术倾向，自然科学研究被边缘化。传统社会对技艺、器物制造比较藐视，饱学之士将其称之为"雕虫小技"，这种思想观念严重制约了人们探索伦理道德规范以外的自然世界。中国古代思想家都以"圣贤之言"为最高标准，具有不可动摇的地位。特别是封建大一统社会的确立，儒学成为独尊，正统地位得以确立，两汉经学更加昌盛，儒生埋头研读只为注解前贤思想、没有更多探寻人伦道德以外的自然世界。到了宋明，经学发展态势更甚。朱熹曾说："曾经圣人手，议论安敢到？"这种只为注解前人治学思想观念的影响深远，形成了一种因循守旧、缺乏创新的思想范式，阻碍了创造性思维的发展。中华优秀传统文化在自然科学的研究上重视不够，具体表现为重道轻器传统观念。如在义与利、社会与自然、名与身等关系上。在义利观上，往往重义轻利，生与义两者不可兼得，更多鼓励是舍生取义的价值判断标准；在社会与自然关系上的标准是重社会，轻自然。注重社会伦理本位的原则，道德至上的价值选择，从社会历史领域来约束人们的实践行为。古代三纲五常的确立是衡量人言行的价值判断标准，严重制约了人的身心发展，把人们好坏标准严格限制在内心道德修养上；在名与身的关系上，强调名分地位的重要性，忽视了人生命的重要性，道德判断成为人们认识事物和鉴别价值的根本原则。中华传统文化这种重道轻器、重义轻利、重社会与轻自然等思想观念的形成，是受当时封建社会统治者意识形态的制约，在这种制约下形成的思想观念必然带有阶级局限性，只能从道德修养上内在反省并寻求符合社会发展需要的规范，不能对外在自然界产生更多的质疑。这种内在伦理道德规范对人的约束也必然产生文化上的历史局限性。

（二）受到封建制度制约和影响

封建社会是人类社会演进过程中必然经历的一种社会形态。中国封建社会以农立国，土地是最基本的生产资料和主要财富，土地所有制是封建制度的基础。中国封建土地所有制有浓厚的中国特色，封建国家或封建地主阶级占有大量土地，地主阶级大土地所有制与农民小生产相结合，体现为土地分散经营，地主尽管占有大量土地，但一般不直接经营，而是分散给农民租种，因而个体小生产性质相当突出。一家一户可以实现生产、消费、再生产的循环。这种以土地为纽带的社会结构，缺少商品交换流通机制，致使社会生产力发展缓慢。

封建王朝一直把"重农抑商""重本抑末"作为基本国策，因此歧视、压抑民族工商业者，把工商业者视为"四民之末"，千方百计地维护自然经济结构。明清之际虽产生了早期资本主义萌芽，却难以摆脱封建生产关系束缚而取得重大发展。科技文化发展是和整个社会生产需要紧密相连的，社会生产力发展为文化的产生提供了前提条件，是推动社会发展的引擎，对文化发展起着有效作用。中国由于长期受小农经济的束缚，制约了生产力发展，又在近代以来扼杀了资本主义的萌芽，从而使自己在科技文化远远落后于西方。

中国封建社会的政治体制为中央集权制，这是由中国的地主土地所有制及小农生产方式决定的，自然经济的分散性与封闭性为中央集权提供了广泛的基础。因为中央集权制，单个地主的土地所有权及其地位尽管不稳定，却有利于整个地主阶级、整个政治体制的稳定与延续。

中央集权将国家主要政治权力高度集中到皇帝手中，皇权统揽一切，是最高的、唯一的、绝对的。与中央集权密切相关的，是以家族宗法制为核心的封建社会组织结构。家族宗法制为中央集权制国家的形成和发展提供了强有力支撑。在两千多年的封建社会中，中央集权体制不断调节以适应社会时代的变化，呈现出强化之势。中央集权体制的产生与发展，适应了自然经济性质的小农生产方式，亦有军事方面抵御北方大漠南北游牧民族侵略的需要。中央集权的官僚政治体制以知识分子为主体，造就了知识分子以治理国家为己任，"学而优则仕"的理想成为当时广大读书人最终目标的现象。这一时期知识分子注重的是"内圣外王"，经史治国，最终实现"修齐治平"理想抱负，这种体制下的文化理念更多维护上层封建君主统治，维护封建地主阶级集团利益，强调的是尊君轻民思想。

封建主义不仅在明代扼杀了资本主义萌芽，也在限制着思想的发展，明清时期的"文字狱"便是最好的证明。先进文化在这种环境下举步维艰，由于封建时代的统治者傲慢自大，对西方文化嗤之以鼻，忽略了西方的经济发展，而在清朝时期的闭关锁国，使中西方不管在经济方面，还是在社会生活和思想方面都拉开了较大的差距。致使清末民初中国一直处于被列强压迫的状态。在这种环境下发展的中国传统文化非常保守，不具备有先进性，没有创新的动力和机遇。

在社会主义先进文化建设过程中，中华传统文化自身的局限性必然暴露出来，结合现代化建设需要对优秀传统文化的传承发展和创新，这是社会主义文化建设的重要任务，也是优秀传统文化保持旺盛生命力的必然选择。

二、各种错误思潮的干扰

随着我国全面深化改革，社会政治、经济、文化等方面取得较快发展。社会经济文化发展的同时也为各种错误思潮泛起提供了生存空间。近年来，历史虚无主义、实用主义、个人主义、新自由主义等思潮以唯心主义历史观为基础，在我国理论界蔓延。这些错误思潮给人们的思想来了极大的干扰，甚至对社会主义现代化建设产生了影响。因此，对于这些错误思潮要坚持辩证唯物主义和历史唯物主义的科学方法给予有力批判，坚守中华文化立场，坚持古为今用、以古鉴今，努力实现优秀传统文化的创造性转化和创新性发展。

（一）历史虚无主义思潮

历史虚无主义作为一股政治思潮，于20世纪80年代末90年代初开始在我国出现。这种思潮是以历史唯心主义为哲学基础。

在社会主义文化强国建设中，坚持科学的理论指导，以马克思主义文化观来辩证分析在文化建设中处理与其他文化的关系。坚定当代中国主流意识形态的历史根基分别是中华优秀传统文化、新民主主义文化、社会主义革命文化和社会改革建设的文化等。当前建设社会主义文化强国的文化根基和历史，"不仅涉及史学领域的大是大非问题，而且直接关系到做人立国的根本问题"。历史虚无主义往往借"重新评价"和"反思历史"之名，对中国近代历史如"辛亥革命""五四运动"等事件进行蓄意评价和解释，来颠倒历史是非、歪曲历史人物，蓄意向广大人民群众传递一套与中国主流意识形态相悖的思想观点，或者把马克思主义唯物主义历史观称为教条主义的历史虚无主义，将广大人民带进误区，企图构建一套错误的理论体系，这种错误历史观给广大群众造成在历史文化知识、价值观等方面错觉和混淆。以不负责任的态度对待中国近代历史，必将消解人民群众对马克思主义等主流意识形态文化的高度认同，阻碍社会主义先进文化的建设。

这种错误思潮影响了中华优秀传统文化传承发展，危害中华民族伟大复兴的事业，必须给予有力批判。中华民族有着悠久历史和璀璨的文化，对世界经济、文化的发展产生了重要影响，以自立自信立于世界民族之林。

近代以来中华民族遭受外敌入侵和内部动荡，使这个东方大国蒙受羞辱。新民主主义革命以来，中华民族在曲折中探寻救国富强之路。中国共产党把一个贫穷落后的国家逐渐建成一个繁荣昌盛的东方强国，在文化建设中重塑了中华文化精神面貌，为中华民族伟大复兴中国梦的实现提供了精神支撑。然而，历史虚无主义思潮不从中国近代社会发展的实际情况出发，随意歪曲近代中国历史文化，甚至否定中国近代以来中国革命、建设、改革的历史事实，并任意贬损近代中国爱国人士和恶意抹杀以爱国主义为核心的民族精神。在历史虚无主义看来，中华民族是愚昧落后的，中华优秀传统文化是没落的，马克思主义是教条主义的历史虚无主义。历史虚无主义不利于中华优秀传统文化传承发展，不利于建设社会主义文化强国，不利于中华民族伟大复兴中国梦的实现。在新的历史时期，必须保持清醒的头脑，认清历史虚无主义的危害性，坚守中华文化立场，时刻警惕和揭露其毒瘤，要旗帜鲜明地批判和清除这种错误思潮在社会主义文化强国建设中的影响。

（二）实用主义思潮

实用主义一词由希腊文（pragma）而来，原意为"行动、行为"。20 世纪 70 年代，美国科学家兼哲学家皮尔士主持"形而上学俱乐部"，组织并宣传实用主义的观点，成为首次将实用主义运用于哲学领域的第一人。皮尔士创立实用主义之后，詹姆士、杜威等人结合自己的研究领域，将实用主义发扬光大，也成为实用主义的代表人物。詹姆士等人将实用主义进一步系统化、理论化，并"理论联系实际"，将实用主义运用于社会生活中。在实用主义发展的各个阶段中，尽管对其称呼有所变化，如"实效主义""实验主义""工具主义"等，但是实用主义的本质从未发生过变化，即一切的出发点都是以"实用""获利"为目标。虽然当今世界各种社会思潮如雨后春笋，种类繁多且大多枝繁叶茂，但是实用主义却在西方岿然屹立，丝毫没有动摇其西方社会思潮中的主导地位和广泛影响。

虽然实用主义注重实践、崇尚实干、倡导创新，鼓励人们通过实干来创造人生辉煌的进取精神有利于我国社会主义建设，但是它效用至上的价值取向和以主观效用排斥真理客观性的做法，不仅使它陷入了唯心主义，而且降低了人们的精神品位。它反对绝对永恒的信仰，用相对主义的思想解构一切"基础""中心"和"主义"，使人们放弃对灵魂的追问和价值的沉思，消解了人文精神，动摇了马克思主义的理想信念，对我国的社会主义文化建设产生了不良影响，我们要坚决反对和抵制。

（三）个人主义思潮

个人主义价值观由来已久，在西方的发展史可以分为古希腊时期、文艺复兴时期、近代资产阶级时期、成熟时期以及在现当代的发展。个人主义影响范围广泛，影响程度深远。但 19 世纪 20 年代前的个人主义却显得尤为低调。奥地利学者哈耶克的著作《个人主义与经济秩序》是其代表作之一，哈耶克在书中对个人主义做了深入研究，是他用一生来捍卫个人主义、自由主义的经典力作。通过对词源的深入探究，他认为个人主义的英文单词（individualism）这一表述真正源自于法国历史学家托克维尔的著作 individualisme。哈耶克给予了托克维尔高度的认可和赞扬，认为托克维尔的著作《论美国民主》的评价表明了他所认为的"真正的个人主义"。但事实上，托克维尔并不是第一个使用"individualisme"（个人主义）这一术语的学者。在英国学者勒克斯对语义学历史的研究中，我们发现最早使用这个词的是德·梅斯特。早在 1820 年，梅斯特就曾经论断政治新教最终会变成最为极端的个人主义。当然，作为一种思潮的"个人主义"要感谢 20 世纪 20 年代中期以来圣西门的忠实"信徒"。因为这些"信徒","个人主义"一词在圣西门主义的推动下在欧洲学术界出现并花开满园。

个人主义自身所无法克服的消极因素就是凡事都以自我为中心,都从是否对自己有利为出发点。与此同时,一系列由于个人主义以及极端个人主义所导致的问题日渐突出,如对他人冷漠无情、自私自利,对社会怨声载道,对自然掠夺索取、对资源过度开发,等等。这些问题正在以不同的形式困扰着现代社会的人类。同时,如果社会中个人主义思想多了,社会大众也会逐渐走向个人主义的深渊,部分人的理想信念减弱,甚至腐化变质。本该为人民服务,却变得为自己谋私;本该舍弃小我,却变得斤斤计较。更严重的个人主义,是把自己凌驾于人民之上,凡事从自身利益出发,一切都要服从个人的利益。人民日报狠批这样的"个人主义者"是"嘴巴上紧跟党中央,暗中却夹带私货"。个人主义思潮对于党和国家事业危害极大,一旦沾染个人主义,更是后患无穷。

(四)新自由主义思潮

新自由主义萌芽于 19 世纪末 20 世纪初、在 20 世纪二三十年代形成,到 20 世纪 90 年代发展成为西方的一种重要社会思潮。自由主义主张私人产权和自由竞争,要建立法治社会,减少政府干预。在我国,降西方自由主义思潮就有一定传播和发展,中国新自由主义思潮通过文献出版、各种论坛平台、研究机构学术讨论等方式传播,产生了极其不好的影响。为了改变中国经济政治体制改革的性质,干扰社会主义方向,新自由主义思潮提出了许多违背社会主义制度的主张。在政治理论上,抛出了资产阶级国家的政治理论、政治观念,要求建立资本主义政治制度。

在思想文化上,新自由主义思潮偏离了中华文化立场,违背马克思主义唯物主义历史观方法论原则,不切实际散布西方资产阶级自由化的言论,诋毁歪曲中国近代以来的历史事实和历史文化。在新时代,坚定文化自信是实现社会主义文化强国战略的重要理论基础,一个民族没有文化自信很难在世界文化激荡中站稳脚跟,很难为国家社会发展提供强大精神动力。新自由主义思潮恶意攻击国家指导思想马克思主义,企图否定新文化运动,否定社会主义建设的历史,否定社会主义先进文化,鼓吹要"意识形态多元化",以达到消解主流意识形态的目的。中华优秀传统文化作为社会主义先进文化建设的重要资源,必须发挥更大的价值以抵制错误思想的干扰。

当代中国新自由主义思潮企图通过宣传西方资产阶级的自由化思想来破坏我

国主流文化，干扰我国改革理论和政策，甚至扰乱人民思想以达到不可见人的目的。总之，在新时代，要保持清醒头脑，充分认识这一思潮对中国特色社会主义现代化建设的影响，坚持马克思主义在意识形态的指导地位，坚守中华文化立场，结合建设社会主义文化强国需要不断弘扬中华优秀传统文化，来抵制和批判这一错误思潮。

三、世界多元文化的碰撞

世界是多元化的。每一个国家、民族的文化都各具特色。进入 21 世纪以来，人类迎来全新变革，在全球化背景下，文化作为社会结构的一个层面也必然面临着变革。改革开放以来，全球化浪潮对我国影响不断加深，给中华文化带来巨大冲击与碰撞，民族文化与现代文化的交融、不同文明板块之间的碰撞、意识形态激烈交锋与世界多元文化发展有着内在联系。如马克思所言"各民族的精神产品成了公共的财产，民族的片面性和局限性日益成为不可能，于是许多种民族的和地方的文学形成了一种世界的文学"。经济全球化的渗透，文化频繁交流，各国文化在交流与碰撞不断融合。中国作为在世界上比较有影响力的大国，在经济上与世界融为一体，在文化上也应发挥更大的价值。总的来说，中国虽然是文化资源大国，但还不是文化大国，在世界多元文化交流中，西方文化往往排挤中国主流文化，甚至出现价值多元的文化乱象，给中华文化发展带来严峻的挑战。

（一）全球化文化浪潮对传统文化生存空间的挤压

全球化过程中各国不同文化的传播与碰撞，带来了纷繁复杂的各种社会思潮，使得不同国家和民族文化的趋同化与多样化的矛盾更加突出，这种文化的全球化浪潮正在压缩着中华优秀传统文化的生存空间，侵蚀着我们的民族文化基因。因此，文化的全球化既给我国民族文化带来了和世界文化交流和对话的机会，也带来了强大的冲击，减弱了中华优秀传统文化的自觉自信，制约了中华文化对外传播能力的提升。

1. 跨文化传播挤压着中华优秀传统文化的生存空间

全球化趋势的发展，使得西方多元文化潮涌入，这种跨文化传播压缩了传统文化的生态发展空间，弱化了传统文化的现代价值，给中华优秀传统文化带来了极大冲击。

传统文化的生态空间受到挤压。全球化进程是一个不平衡发展和不断出现冲突的进程，它所带来的来自不同民族和国家的文化思潮时常由于差异巨大而引发冲突。这种冲突既给个体国家和民族的世界化生存带来了巨大的契机，也挤压了该国家和民族传统文化的生存空间。正如哈贝马斯所说，"全球文化体系是一部普遍的法典。然而其目的不是普遍的同化，恰恰相反，它是区别、界限和冲突的表现"。以欧美国家为主导的资本主义现代文化不断冲击中国的传统文化，使得中国传统文化在面临工业文明的巨大冲击时，越来越缺少能够展现自身魅力、发挥自身长处的文化生态空间。从实质上说，文化全球化实质上是西方文化的现代形态在全球的扩张，这种形势下，中国传统文化面临着极其不利的严酷形势，面临着被西方资本主义文化没顶的生存危机。

传统文化的现代价值遭到压制。随着经济全球化的加速发展，当今世界文化的趋同大有愈演愈烈之势：不同国家的人越来越爱看同样的文化大片，爱去同样的地方旅游，关注同样的网络化空间，喜欢同样的电子化产品……可见，文化全球化带来了不同文化的相互交融，推动了世界文化的趋同化，动态的跨文化认同正悄然崛起。中国作为新兴的市场化国家，虽然有五千年的悠久文明，但中华优秀传统文化偏重思想，就其内涵而言，其中一些"古今通理"的观念是能够应用于现代化建设的，也有一些观念不适应于当今现代化建设的；就其现实表现而言，中华优秀传统文化虽然内涵丰富，但它既未能激发工业化革命的烈火，也不是引领世界经济全球化的核心理念，其个性和现代价值也趋于被这种经济全球化带来的文化趋同性所压制。在这种情况下，如何挖掘本土文化的个性，凸显传统文化的时代价值，锻造文化的"中国元素"，将中华优秀传统文化的传承弘扬融入全球化文化发展进程，是一个需要解决的问题。

2. 文化趋同化减弱了中华优秀传统文化的自觉自信

在全球化进程中，中国并不是一个观察者，而是一个参与者，必然会受到文化全球化的潮流影响。文化全球化带来的文化趋同性，一定程度上减弱了传承弘扬中华优秀传统文化的自觉自信意识，影响着中华优秀传统文化的传承弘扬。

传统文化自觉意识不强。随着经济的全球化影响，以西方现代化文化产品为载体的西方价值观和价值体系不断向中国渗透，部分中国人开始出现文化迷茫和纠结，逐渐漠视、疏远自己的民族文化。由于缺少文化传承自觉意识，部分中国人盲目追捧圣诞节、感恩节等所谓的西方节日，忽略了我国独有的清明、端午、七夕等节日。对传统文化缺少传承的自觉意识，还使得许多我们民族的瑰宝流落海外，例如，中国的敦煌名扬世界，而敦煌学却不在中国；韩国甚至将我们的端午节、中秋节等传统民族节日申报世界非物质文化遗产。可以说，由于缺少对传统优秀文化的自觉传承意识，中国的文化瑰宝一方面被部分中国人所漠视，另一方面正被许多无关人等大快朵颐，这些问题值得我们重视。

传统文化认知自信力不足。我国是后发现代性国家，后于西方国家进入工业化进程，因而一直以发展中国家的形象存在。国力的先一步强盛使西方资本主义国家想方设法将自己的文化向我国渗透。随着西方文化的强势输入，加之不能正确认知传统文化对于我国现代化建设的重要性，目前我国还存在着全盘否定，虚无历史的历史虚无主义、全盘西化，妄自菲薄的文化激进主义等错误思想。这些无视传统文化的错误倾向，本质是共同的，它们都搁置了历史唯物主义的方法论原则，对中华优秀传统文化有绝对化、片面化处理之嫌。它们要么"言必称再建"，忽略了中华传统文化的现代价值；要么陷入了形而上学，忽略了马克思主义中国化的本土文化渊源，可谓是一叶障目、不见泰山，很大程度上影响了中华优秀传统文化的传承弘扬，减弱了传统文化的认知自信，必须大力纠正。

（二）西方主导价值观多元化导致了文化乱象

全球化加剧了不同国家文化的交流，造成了国内和国外、传统和现代、积极和消极的等各种价值观交汇。给人价值观的选择造成了错觉，导致了一些人选择享乐主义、拜金主义等价值观的错位。当今世界是"多元化"的时代，人们在价值观选择上越来越个性化、碎片化。随着科技发展、市场经济对人逐利欲望促成价值多元化趋势，给文化的发展造成了极大影响。全球化背景下，东西方国家政治、经济、文化等差距依然在拉大，形成了强势文化和弱势文化在价值观上的巨大差异，深刻影响着发展中国家的文化走向，影响着人们价值观的选择。

由于西方文化的强势地位，掌握了更多话语权，如世界四大通讯社——美联社、合众国际社、路透社和法新社均属于发达国家，对中华文化世界传播带来一定的影响。西方主导价值观多元化往往通过影视文化对大众产生更多的侵蚀，如美国好莱坞的电影用虚幻描绘美丽神话、美丽的新世界，从而不动声色地影响青少年的内心世界，使他们自觉或不自觉地接纳了西方文化，从意识形态上达到腐化的目的。正如中国人大校长纪宝成所说："我们的青少年对好莱坞大片趋之若鹜但却不知道屈原、司马迁为何许人，我们的大学生能考出令人咋舌的托福高分但却看不懂简单的文言文，甚至连中文写作都做不到文从字顺。"可见，西方文化的渗透与价值理念对中国青少年身心健康成长，意识形态形成，对中华文化传播造成很大的影响。在网络科技化时代，西方国家利用科技互联网优势不断强对发展中国家进行"文化入侵"，这一入侵导致了各国在文化、意识形态等领域对国民的管控力趋于下降。随着我国综合实力的提升，中华文化在世界的影响力日益显著，如何让中华文化在世界文化舞台上展现魅力，为世界和平发展提供中国方案、提供中国智慧，发挥中华文化应有的作用，这是我们在新媒体时代，必须要慎重考虑的重要问题。考虑世界文化发展多样性这一特点，应在尊重不同文化发展的同时，不断提升中华文化在世界文化中的认同感。

在信息化时代，中华文化的传承发展也要趋于多样化，要结合信息、网络技术的应用让中华文化传播更加迅速，并通过数字平台加快中华文化创新的速度。现代青年人大多通过网络平台接触更多信息。随着近代西方工业文明发展以及现代互联网技术的发展，优秀传统文化以其固有形式难以跟上网络化的节奏，在西方文化主导价值多元化中难以凸显，在此境遇下，对中华文化走向世界必将带来影响和冲击。基于此，坚守中华文化立场，以社会主义核心价值为引领，抵制西方主导的价值观多元化对我国文化意识形态的干扰。结合文化强国需要，激发中华优秀传统活力，使其在世界文化竞争中展现风采。

第三节　优秀传统文化传承发展的基本原则

一、坚持以人民为中心

文化由人所创，同时也在以显性或隐性的方式影响着人，人也是文化的产物。坚持一切为了人民，是马克思主义文化理论的鲜明特色。党一直坚持为人民服务的宗旨，将人民的文化需要作为出发点、落脚点。因而，中华优秀传统文化的传承发展必须不断强化大众在文化需求上的收获感、满足感。

1. 要坚持"为人民服务"的宗旨。

支持我们生活的物质和精神资源不是凭空出现的，而是由人类自己在劳动中不断探索，从而产生为人类所用的。从这个意义上说，社会发展前进的齿轮由人类自己转动。无产阶级文化理应把最广大的人民群众视为其服务对象。弘扬中华优秀传统文化是站在民族复兴的伟大战略目标上去说的，新时代文化的传承创新已不再是封建时期的为某种人服务，而是要以人民的利益为重。因而，文化的转化创新要以"为人民服务"的宗旨，将中华优秀传统文化融入党和人民事业之中。

2. 要满足人民高品质的精神追求。

中华优秀传统文化中的思想观念大多由生活在中国古代的思想家为了解决

当时的社会问题所提出的，是以封建社会形态为背景的。时过境迁，如今中国已不同往日，社会形态也由封建社会发展为社会主义社会，生活在新时代的中国人必然在精神追求上与古代人有很大的不同。根据新时代社会主要矛盾转化的重大论断，我国社会主要矛盾已经转化为"人民日益增长的美好生活需要和不平衡不充分的发展之间的矛盾"。主要矛盾的转变说明人民的生活质量有了显著的改善，但随之而来的是人民对于文化产品的数量和质量要求越来越高。因而中华优秀传统文化的传承发展要注意到人民精神需求的转变，对传统文化的内涵进行时代性的丰富和提升，将传统文化融入更多到更多的行业概念中，不断满足人民多样化的精神文化需求。

3. 要充分发挥其"人文化成"的功能

将优秀的传统文化理念内化为人们遵循的行为准则。古汉语中的"文化"多指"人文化成"，即以社会伦理道德来教育、感染、熏陶人们，让人们能够遵守社会规范，成为有德之人。马克思主义也认为，人们在创造文化的实践过程中也会"使自己二重化"，体现并提升自己的本质能力。也就是说，人创造了文化，同时文化也塑造了人自身。因而，中华优秀传统文化传承发展要重视教育与实践相结合，强化文化的育人作用和塑人功能，使得传统文化不仅是学者研究的对象，更是一种生活智慧，用来指导人们的价值取向和行为方式。

二、坚持以马克思主义为指导

当代中国对古代思想文化遗产的珍视，是对民族文化的认同、是对其价值的肯定。但对传统文化的重视，也引起了一些质疑的声音，其中最需要说清楚、讲明白的就是古代优秀思想与马克思主义理论是否冲突？在我国主流思想上，马克思主义的指导地位是否发生了变化？中华优秀传统文化在当代思想领域所处什么样的位置？必须明确的是，对于古代思想的转化必须是在马克思主义指导下进行。

首先，历史证明，只有马克思主义这一科学理论的指导，才能让中国从危机中脱险。近代以前，传统儒学一直处于官学的地位，在传统儒学的统领下，中国王朝虽改朝换代，但始终保持着稳定发展，社会形态并没有发生改变。但鸦片战争后，中国遭受帝国主义侵略，即使古代思想中包含着丰富的哲学智慧，也挽救不了中华民族衰落的命运。而中国共产党在科学理论的指导下找到了让中国免遭灭顶之灾的正确道路，建立了一个不同于封建社会、响应时代呼唤的新的国度。也是在马克思主义的指导下，中国实现了国家兴旺的目标，逐渐强大起来。在当代中国，实现社会主义现代化强国建设、实现文化领域的万象更新更是不能没有科学理论的指导。

其次，中华优秀传统文化与马克思主义是相融相通，并不是相互对立的。从两者的文化特质上看，马克思主义是一种被实践证明的科学理论，我们看待这个世界的方法都由其指引。中华优秀传统文化虽然产生于农业社会，带有封建时代的特点，但其中也蕴含着无穷的哲学智慧、超越时空的价值理性。两者在许多方面都具有相契合的地方，如在世界观上，中国传统哲学中的朴素唯物主义思想就与马克思主义哲学中认为世界是物质的，世界处于绝对运动中的辩证唯物主义思想相通。在认识论上，中国古代"知行合一"的思想与马克思主义理论中关于认识来源于实践是观点相统一。正是有了这些相同之处，二者才能在中国共产党人自觉的结合下，促进二者的共同发展。因而，中华优秀传统文化只有在马克思主义的科学指导下才能摒弃糟粕，实现其现代转化。而马克思主义作为产生于国外的科学理论，只有植根于中华优秀传统文化中，才能被大众接受，发挥其重要作用。

最后，我们提倡坚持文化自信，学习古人卓越的思想智慧，不是简单的尊孔读经，回归儒学，更不是要以儒学代替马克思主义的指导地位。毫无疑问，中华优秀传统文化是中华民族的精神家园，离开传统文化的滋养，马克思主义难以生根发芽，同时也难以培养出热爱祖国，对民族有着深切认同感的中国人。我们讲"两创"发展是为了激活传统文化中对当今社会有重要作用的因素，使之能够促进社会的和谐进步、涵养人们的道德品质，为解决人类难题提供新的思路方法。而没有辩证法的科学指导，是很难精确把握我们祖先思想的精髓的。因而，"两创"发展是为了更好地服务当下，而不是要取代马克思主义，想要让过时的封建观念在当代处于思想核心地位是不可能的也是不科学的。

三、坚持创造性转化、创新性发展

中华传统文化产生于特定的历史条件，由"古"至"今"历经数千年的洗礼，遗留下来的中华传统文化蕴含了经久不衰的思想精髓，同时也受制于古老的社会制度和民众主观认知水平普遍较低，掺杂了一些陈旧过时、阻碍进步，甚至在现代人看来匪夷所思的观念。因此，新时代中国共产党在面对这些中华传统文化时，既不是全盘照搬，也不是全盘否定，而是坚持辩证唯物主义和历史唯物主义立场，以珍惜的、尊重的、发展的眼光去看待，秉持客观、科学、礼敬的态度，从中华民族最深沉的精神追求层面甄别和提炼优秀果实，正确地辩证取舍，去伪存真，继承与吸收其积极优秀成分，扬弃与改进其消极落后成分，清楚自己是谁、从哪里来的、又要到哪里去。新时代，中国共产党提出了"创造性转化、创新性发展"重要方针。何谓转化？就是以问题为导向，将中华优秀传统文化与现代文化发展相适应、相匹配，转换成社会主义先进文化。鉴于此，一方面，是处理好继承与创新发展的关系，在厘清中华优秀传统文化的形成背景、发展脉络和博大内涵基础上，结合马克思主义指导思想，激活创新其中紧扣社会关系的文化精华。另一方面，是处理好中华优秀传统文化与当今时代的关系，即传统文化与现代化的关系。从中华民族现代化进程的角度看，不仅要创新内涵，还要创新现代表达形式。从解决当今中国之问题的维度看，不仅要创新面貌，还要创新样态。同时，"创造性转化、创新性发展"方针要求中华优秀传统文化要与时俱进，吸收人类先进文化成果。以现实为中心，以全面深化改革的实践为中心，不断探索、补充、拓展、完善，使中华民族的文化基因永葆生机活力。

中华优秀传统文化究竟何去何从？又要坚持怎样的文化传承发展观？这是关乎出路与方向的问题，是党中央在工作中不可回避的重要问题。中华优秀传统文化属于上层建筑的范畴，这一主流意识形态只有将"创造性转化、创新性发展"方针与当今时代发展相结合，才能成为人们"喜闻乐见"的文化，真正为中华民族伟大复兴迸发不竭动力。

四、坚持交流互鉴、开放包容

新时代，传播手段和信息技术不断革新演进，全球文化的交汇、交锋与交融愈来愈频繁。历史和现实表明，走不尊重文化发展与传播规律的文化禁锢之路是错误的，将文明划分高低、将不同文化分出个三六九等是狭隘的，只有坚守立场、平等交流、打破隔阂、开放包容，才是唯一出路。中华民族同样不可能在自我封闭、自给自足的状态下求得文化复兴，那些虚无主义者抛弃、否认自身民族文化，或是故步自封、孤芳自赏、唯我独尊的傲慢与偏见态度都是不正确的。中国共产党深切感知与把握中华优秀传统文化，立足自身文化之根本，强调睁眼看世界，"以海纳百川的宽广胸怀打破文化交往的壁垒，以兼收并蓄的态度汲取其他文明的养分"。以文化互鉴超越冲突、局限、狭隘与束缚，以沟通对话作为纽带应对各类风险与挑战，形成面向世界的、具有宽广胸怀的新文化体系。中国共产党弘扬中华优秀传统文化就是要学习借鉴人类一切优秀文明成果，上至流传千年的中华优秀传统文化，下至百年红色文化，还包括新中国成立以来尤其是改革开放以来的文化。文明对话可以推动人类历史的发展，而交流互鉴则是架起文明对话的桥梁。因此，还要吸收借鉴世界其他民族的先进文明成果。这里，要强调是以交流互鉴的开放心态大胆引进人类文明的优秀成果，针对外来文化需要进行具体分析。要取其精华并加以改造为我所用，将吸收来的文化特色与本民族文化相融合，以兼收并蓄的态度不断丰富和发展中华优秀传统文化，以此迸发文化的精神动力，共生共荣，行稳致远。

五、辩证取舍，古为今用

中华优秀传统文化的延续更新，不是坚持以辩证法为指导，采取科学、理性的态度，取其精华、去其糟粕，使中华民族悠久的古代智慧为当代所用。辩证取舍，是讲传承发展的区别原则，辩证取舍，就是要鉴别传统文化中的精华与糟粕。传统文化内容十分繁杂，既有民族智慧的结晶，也有落后的腐朽思想。即使属于优秀部分的传统文化，也因产生于封建时代，从而具有一定的局限性，与现代文化、现代社会不相符合。如中华传统美德中的孝道，就具有二重性，精粹与腐朽都存在其中。孝敬父母、尊重老人是子女的义务与原则，对孝的践行有利于促进家庭和社会的和谐。但产生于封建时代的孝道往往与"忠君"相联系，成为封建统治者进行思想控制的工具。此外，在传统孝道中还有"养儿防老"等一些略显迂腐的观念，都需要加以鉴别和剔除。因此，对于传统文化的鉴别、取舍是一项十分重要的工作，没有辩证取舍，古代优秀思想的转化创新便失去了根基。古为今用，是讲传承发展的实践要求。中华优秀传统文化的丰富理念，对于今天具有重要的启示。但我们不能幻想将其原封不动地拿来指导当下的实践，必须结合时代发展，将新的时代内涵注入其中。

六、坚持统筹协调、形成合力

加强党的领导，加强顶层设计，通过顶层设计引领中华优秀传统文化的传播方向，要用强烈的责任心和强大的行动力弘扬中华优秀传统文化，要在弘扬中创造性地将中华优秀传统文化与马克思主义理论、世界优秀文化成果相互融通，让中华优秀传统文化成为民族强大、祖国发展的精神支撑。具体要充分发挥中国共产党的领导作用，即在顶层设计中的统筹协调作用，着力统筹政府、市场、企业和社会组织等社会力量和社会资源在党中央的领导下广泛参与，协同推进弘扬工作的有效开展。政府层面，一方面，做好扶持和引导工作，对于国内与中华优秀传统文化相关的行业和企事业单位积极扶持，适当倾斜政策和专项资金，引导这些企业健康发展，做大、做优、做强，为弘扬工作提供助力。另一方面，在各种主流媒体、报刊、电视台、网站等具有宣传能力的企业设立专门的机构和组织，研究设计具体的文化宣传方案并定期投放在媒介上让民众耳濡目染，扩大中华文化传播的普及度、受益面和覆盖面，产生共情效益。政策机制层面，正确有效的体制机制是引导中华优秀传统文化繁荣发展的基础和前提，通过构建具有中国特色、符合时代发展的体制机制，旗帜鲜明地展现支持什么、鼓励什么、提倡什么，并在此基础上以合理的方式予以支持与鼓励，高效促进中华优秀传统文化在弘扬过程中与当今社会发展相融合，确保弘扬工作沿着正确方向前进。弘扬中华优秀传统文化，除了政府、市场和企业等主体的努力，还需要每个人的合力，需要社会各界的支持，从而形成多层次全方位的合力，中华优秀传统文化是人们日常生活行为的准绳，只有意识到这点，才有利于弘扬工作的展开。例如，日常道德行为；法律行为；言必信、行必果；刻苦耐劳；坚忍不拔的精神；等等，如果人人都付诸行动，事无巨细地自觉践行中华优秀传统文化的价值取向和实践规范，就会自然而然地形成全社会的合力。

第六章 优秀传统文化传承发展的机遇与挑战

本章主要介绍了优秀传统传承发展的机遇与挑战。第一节从历史机遇、实践机遇和开放机遇三个方面讲述了优秀传统传承发展面临的机遇，第二节从传统文化自身的问题、现代化进程的冲击、全球化发展的挑战和大众化传播的问题四个方面介绍了优秀传统传承发展的挑战。

第一节 优秀传统文化传承发展面临的机遇

党的十八大以来，党和国家将传承弘扬中华优秀传统文化、提高文化软实力、建设文化强国摆在社会主义现代化建设的重要位置，彰显了党和国家继承弘扬中华优秀传统文化的鲜明立场和坚定态度。在新时代，中华优秀传统文化传承发展迎来新的发展机遇，在遵循文化自身发展规律的基础上，研究中华优秀传统文化的新时代发展趋势，有助于彰显新的价值和意义。因此，我们必须站在历史的高度来审视这一"双创"，在实现"两个一百年"奋斗目标的过程中日益凸显了优秀传统文化在社会主义文化强国建设中的历史底蕴和悠久传统；在中华民族伟大复兴中彰显文化根基和精神标识；在世界文化之林中日益展现永久魅力和时代风采，让中华优秀传统文化精髓在未来发展中更加出彩。

中华优秀传统文化在一定历史时期曾发挥着应有的价值，随着工业文明推进，一些传统文化逐渐被更多的现代元素所替代，甚至面临被遗忘的角落。应该看到，现代化的进程中，人类在享受工业文明带来成果的同时，在生态文明建设、社会治理等问题上面临共同的困惑，甚至困扰着人类社会的发展。基于此，新时代，中国共产党提出了人类命运共同体这一战略构想，在人类面临共同问题上试图从中华优秀传统文化中借鉴古人治国理政的智慧，为世界面临发展难题提供中国方案。这一战略的提出为中华优秀传统文化发展确立了新的历史方位，彰显了中华优秀传统文化在社会主义现代化强国建设的重要地位，这对于中华优秀传统文化自身发展而言是一次难得的机遇。

一、历史机遇：中国特色社会主义进入了新时代

中华优秀传统文化立足当下，服务于中国特色社会主义现代化建设，既面临着现实挑战，又迎来了新的发展机遇。无论从国家、社会发展的现实需要来看，实现中华优秀传统文化的"双创"已成为理论界的广泛共识，成为推动社会主义现代化建设的重要文化支撑。

（一）新时代党和国家高度重视传承弘扬中华优秀传统文化

中国共产党历来重视中华优秀传统文化的传承与发展，无论在革命时期，还是在社会主义建设时期，肩负着优秀传统文化传承弘扬的使命。

党和国家结合新时代国家建设发展的目标把传承弘扬中华优秀传统文化上升到国家战略高度，是实现中华民族伟大复兴过程中文化支撑的一部分。就文化发展而言，中华优秀传统文化在不同的历史时期发挥着应有价值，推动着中华民族劈风斩浪，不断远航，展现了中华民族的智慧和勇气。文化是一定时期社会政治、经济发展的集中反映，中国特色社会主义文化植根于优秀传统文化，在社会主义现代化建设中展现了强大的文化优势，为我国文化的发展提供了方向。坚守中华文化立场是建设中国特色社会主义先进文化的根本要求，在中国特色社会主义文化建设中要不断汲取其精华，不断激发了中华优秀传统文化的时代生命力。

（二）新时代以马克思主义最新理论成果为指引促进中华优秀传统文化传承与创新

当代中国马克思主义的发展是以中国国情为基点，以中华民族文化为底蕴，是对中国社会发展的真实反映。当代中国马克思主义的发展以马克思主义经典著作为文本依据，以新时代中国实际发展需要为现实依据，注重历史与现实的统一，并以中华优秀传统文化的继承为基础，在创造中坚守中华文化立场。新时代，提出中华优秀传统文化"双创"符合新时代中国特色社会主义现代化建设的需要，习近平新时代中国特色社会主义思想是马克思主义中国化最新理论成果，是党和人民在社会主义现代化强国建设中集体智慧的结晶。

中华优秀传统文化"双创"是在新的历史时期为马克思主义中国化提供文化的土壤，两者有机结合，是进一步巩固和发展马克思主义文化观指导地位的现实需要。

其一，在文化多元化的影响下，马克思主义为中华优秀传统文化现代转化提供了科学指引。中华优秀传统文化"双创"符合时代发展要求，既具有文化传承

向心力，又具有文化创新的时代性。因此，中华优秀传统文化"双创"体现了马克思主义与时俱进的理论品质，彰显马克思主义的内在特性，不断丰富马克思主义中国化的内涵。

其二，马克思主义在中华优秀传统文化"双创"中，为其提供方法论的指引。马克思主义不仅具有与时俱进的理论品质，而且遵循辩证的思维方法。中华优秀传统文化"双创"要以科学的思维方法为指引，坚持辩证唯物主义和历史唯物主义，才能把握中华优秀传统文化在创造创新中的实际运用，抵制各种错误思潮的干扰。因此，不断丰富马克思主义文化观的内涵，巩固马克思主义在意识形态的主导地位，抵制西方错误文化思想的侵蚀，发挥中华优秀传统文化的价值取向，进一步丰富马克思主义文化观的思想内涵。

总之，以马克思主义中国化最新理论成果促进中华优秀传统文化"双创"，立足中华文化立场，以建设文化强国为目标，不断提升优秀传统文化的内涵，使之更加符合社会主义先进文化建设，进一步提升文化软实力。

（三）新时代人民生活质量的提高，对高品质的文化需求愈加强烈

进入新时代后我国的社会经济水平飞速发展，伴随着人们的生活水平的提升，习近平总书记指出，我国的主要矛盾也由人民日益增长的物质文化需要同落后的社会生产之间的矛盾转变为人民日益增长的美好生活需要和不平衡不充分的发展之间的矛盾。

中华优秀传统文化作为宝贵精神财富，为今天人们追求更高的精神文化生活提供了良好的文化底蕴，这些精神或物质资源也是与人民追求的生活品位高度契合。一方面，随着物质生活条件的提高，人们精力去学习和践行中华优秀传统文化，丰富自己的业余生活，通过学习书法、高雅艺术、传统技艺等文化国粹，来提高自身的生活品味。近年来，全国旅游业尤其是具有浓厚文化气息的旅游景点越来越受到人们的青睐，物质文化或非物质文化逐渐受到人们的普遍关注，这些旅游文化品质的提高逐渐改变了人们的生活方式，提高了人们的生活品味。另一方面，随着生活节奏的加快，在一定程度上唤起人们对休闲生活方式的集体向往，使人们有兴趣、有条件去认知、接受优秀传统文化，体验传统生活的休闲雅居，感悟优秀传统文化的魅力，从追求快节奏的生活逐渐转向追求简约极致的慢节奏生活方式。

二、实践机遇：新时代社会主义文化强国建设

在新时代，我国的社会主义现代化正在逐步开启。在全球化时代背景下，文化的重要性日益彰显，"文化是一个民族在全球化进程中的名片、身份证和识别码，是一个民族的集体记忆和精神家园"。中华优秀传统文化是中华民族独特的身份标识。

新时代社会主义文化强国建设是一项宏大的系统工程，更是一个长期奋斗的过程。坚守文化本根，充分认识到中华优秀传统文化为文化强国建设奠定坚实文化基础，把握时代脉搏，在发展中阐释中华优秀传统文化精髓，加强我国文化话语体系的创新研究，在推进社会主义现代化建设中注重实践养成不断增强中华文化的文化自觉与文化认同。因此，我们要把握实践机遇，在实践中推动中华优秀传统文化发展，赋予时代精神。

（一）中华优秀传统文化为文化强国建设奠定坚实基础

文化是一个国家、一个民族的灵魂，是激荡在国家发展中的深层力量。习近平总书记指出："一个国家、一个民族的强盛，总是以文化兴盛为支撑的。"建设文化强国是实现中华民族伟大复兴的重要战略部署，大力弘扬中华优秀传统文化是关键一招。只有弘扬中华优秀传统文化，才能始终突出和增强文化强国建设的文化底色和精神动力，不断开辟社会主义文化发展新境界。

中华文化强调"大道之行也，天下为公""老吾老以及人之老、幼吾幼以及人之幼""扶贫济困""天下兴亡、匹夫有责"，不论在过去还是当下，中华优秀传统文化具有鲜明的民族特色和永不褪色的价值。中华优秀传统文化中的大同思想、伦理道德、处世哲学、美学追求已经作为一种文化基因深入国人骨髓，深刻影响着中国人民的思维方式、审美旨趣和行为活动。其具有浓厚的人文精神、丰富的哲学思想、崇高的道德理想，既为人们认识世界和改造世界提供启示，又为治国理政提供方向，为道德建设提供标准。纵观历史，正是在始终继承和弘扬中华优秀传统文化的基础上，社会主义文化才能在不失根本中迸发磅礴生命力，才有了如今的大发展大繁荣景象。其所独有的价值目标、治理智慧、政治理念仍然是当前进行社会主义建设的重要文化资源，应立足当代、不忘本来、面向未来，不断开掘价值内容，赋予更多时代特色。

"求木之长者，必固其根本。"（《谏太宗十思疏》）中华优秀传统文化是中国人民在5000多年历史中创造的文化瑰宝，在每个时期都谱写了壮丽篇章。中华优秀传统文化影响广泛，铸就了当前我们建设社会主义文化强国的强大底气；既

植根于中国大地，同时又借鉴世界先进文明，与世界同频、与时代同步、与人民同心，具有强大的生命力。中华优秀传统文化在漫长的历史长河中不仅没有失去发展的动力，反而越发彰显其鲜活的生命，在世界文化之林中有着重要的地位。

弘扬中华优秀传统文化是增强历史自豪感的坚实基础，也是增强价值的牢固根基。学习和弘扬中华优秀传统文化，准确把握中国的历史渊源、发展历程，能够不断增强历史自觉和历史自豪。我们有理由相信，通过对中华优秀传统文化的学习，广大文化工作者将以更加饱满的热情和自信投入文化强国的建设当中。可以说，大力弘扬中华优秀传统文化不仅为建设文化强国丰富了精神要素，更为其提供了强大精神动力。

弘扬中华优秀传统文化关乎文化强国建设的决定性成败，这要求我们必须牢牢把握方法论自觉，实现科学方法指引。

第一，加快推进中华优秀传统文化的创造性转化与创新性发展，实现中华优秀传统文化与时代文化相融相通。既要通过创造性转化使之呈现富有时代气息的价值内涵和表达形式，激活其生命力，又要通过创新性发展使之拓宽内涵与外延，增强其感召力。同时，新时代推进中华优秀传统文化的"双创"发展，需要我们格外注重与马克思主义基本原理的有机结合，推动坚持马克思主义与弘扬中华优秀传统文化同向而行，以马克思主义引领中华优秀传统文化的发展，为其民族形式附上更高价值的科学内涵。唯有实现中华优秀传统文化的"双创"发展，才能在更广泛的认同基础上实现其弘扬、传播的更大影响力。

第二，创新转变中华优秀传统文化的弘扬方式。一方面，随着民众阅读习惯的改变，传统文字形式的"陈情说理"不免让民众感到枯燥。要加快转变中华优秀传统文化的表现形式，以"图说""数说""影说"等更加贴近民众阅读习惯的多元化方式进行弘扬和传播，在生动、活泼的形式中提升传播效果。另一方面，要依靠新媒体技术手段，广泛运用自媒体等技术进行优秀传统文化的弘扬，全方位、多领域扩大辐射范围。

第三，要形成弘扬中华优秀传统文化的全员效应。其中，领导干部要做中华优秀传统文化的自觉继承者、坚定传播者和带头实践者，在任何场合都要将弘扬中华优秀传统文化作为高度政治意识的体现；主流媒体要担起弘扬中华优秀传统文化的重任，要充分运用平台优势和工作能力，为广大人民群众献上中华优秀传统文化的精神盛宴；其他社会群体同样要将弘扬中华优秀传统文化作为自觉担当，主动为坚定文化自信、打造文化强国群策群力。

（二）新时代阐释优秀传统文化内涵，加强中华文化话语体系的创新研究

结合时代特点，阐释中华优秀传统文化内涵，抓住这一实践机遇，加强对中华文化话语体系的时代解读和创新研究。任何一种文化都需要用一定语言或话语来表达，通过一定媒介方式呈现出来。习近平总书记强调"按照立足中国，面向未来的思路，着力构建中国特色哲学社会科学，充分体现中国特色、中国风格、中国气派。"讲清楚中华文化核心概念，又要深入阐释中华文化与时代发展的内在联系，在阐释中华文化话语的原有内涵与本真价值的基础上，解读中华文化话语的时代新意与当下价值。基于此，对于中国儒家经典、道家经典等传世文献、出土文物的整理与研究，要结合现代科技手段并注入时代元素，进一步展现中华优秀传统文化的时代价值。

站在新的历史起点上，抓住时代赋予中华优秀传统文化发展的实践机遇，不断加强中华文化话语体系的转化与创新研究。中华文化话语体系研究在注重文本原意阐发与时代转化的基础上，将文本的真实内涵与创新有机结合符合文化强国建设需要。认识到在"文化传习过程中，阐释不是停留在古代文本的表面意义上，而是把古代文化中原有语句或命题解释为另一种积极意义，以适合当代的需要"由此可知，中华文化话语体系的转化是将话语内容创新与话语表达方式转化，根据先进文化建设需要做到有机结合。在转化过程中要注重话语内容的选择，选择一些具有现实价值意义的文化要素，使得文化经典价值意蕴与社会主义先进文化建设具有一致性，能更好融入人们的现实生活中。在话语表达方式上要体现现代话语的运用，充分利用网络多媒体行之有效的网络语言表达方式传递给人民大众。将优秀传统文化中晦涩的语言表达方式转化为通俗易懂的语言，提炼成可观赏性与创意性的文化产业和产品。这些文化产品更要有可触摸性、生动性、灵感性并使之具体化，贴近生活，做到优秀传统文化语言与现代话语相融合，让优秀传统文化精髓通过现代全新科技手段"活"起来。如何将中华优秀传统文化在时代语境下得到更好传播发展，要结合现代人对高品质文化产品需要赋予优秀传统文化新的意蕴，做到优秀传统文化精华与现代文化产业相结合，增加文化的吸引力，创新话语表达方式，构建新的话语体系，改进传播方式，增添中华文化的魅力。

（三）注重实践养成，不断增强中华文化的文化认同

中华优秀传统文化传承与弘扬需要全体国民自觉将其融入生产实践中，自觉增强中华优秀传统文化的实践思维养成，在践行中不断提高对中华优秀传统文化高度的自觉与认同性。中华优秀传统蕴含的"反求诸己""克己守静"以及"精

益求精"的实践智慧，修身养性的价值理念以及追求完美至极的品格理念，是在社会主义现代化建设中结合新时代要求转化为科学精神、工匠精神和奋斗精神的具体再现。人是群体性动物，人的活动离不开生产实践过程，人们正是在生产、生活交往中将人文精神与传统美德凝聚升华为一定层面的精神信仰。在社会主义现代化建设过程中，中华优秀传统为人的价值观养成和人格塑造提供着良好道德规范，这些道德规范在日常生活中融入生活实践，做到内化于心，外化于行，增强了人们的文化自觉与认同。中华民族有许多传统佳节习俗，充分发掘传统习俗文化的科学价值与人文价值，积极引导人们深刻体会传统历法、节气等所蕴含的农业文化底蕴。阐明传统中医、养生等所蕴含的现代科学意义，在日常生活中自觉把传统习俗与现代生活相融合，增强中华文化践行的自觉性与认同性。在日常生活中注重文化实践养成，增强文化自觉性，也必将形成高度的文化认同。文化认同是一个民族长期在同一地域生活所形成对本民族文化标识特质的感同身受、形成共同情感、共同心理归属，是对基本价值观的普遍认同，也是凝聚民族文化的基础。中华优秀传统文化是中华民族的共同血脉，是滋养中国人的肥沃土壤，是中华儿女达成共识、恪守规范、形成文化认同的根基所在。在社会主义现代化建设中，文化认同源于民族心理，是对社会主义现代化实践的亲身体验，让我们在历史观、国家观、民族观、政治观上不断增进文化认同。在日常生活中注重对优秀传统文化的学习，自觉传承优秀文化，不断扩大辐射面，让广大人民群众在生活中体会优秀传统文化的魅力，提高对优秀民族文化的认同。总之，文化自觉与文化认同是在日常生活实践中养成的，伴随于人的一生。只有具备高度的文化自觉和文化认同，才能在社会主义文化强国建设中增强自信，更好的传承弘扬中华优秀传统文化。

三、开放机遇：人类命运共同体构建中的全球文化交流互鉴

文化发展与时代同步。让中华优秀传统文化走出去既是提升文化竞争力的机遇，又是让世界人民更好的认识中国，也是进一步了解中华文化。改革开放后，国际与国内竞争相互交织，对于文化既是机遇，又是挑战。

文化是人们社会生活、生产实践的产物，并随着社会发展而发展，并日益走上国际化。文化在形成过程中不仅具有民族性的特征，而且还具有世界多样性的特点。世界文化展现了文化的多样性，这是符合人类文化发展的客观性。如亨廷顿认为，"当代世界存在着西方文明、东正教文明、伊斯兰文明、中华文明、印

度文明、日本文明、拉丁美洲与非洲文明等八种主要文明。"这些文化或文明都是在本民族历史中产生的，各种不同文化或文明又是在世界文化交流中延续发展的。在经济全球化、文化多样化发展的时代背景下，面对世界格局变迁，需要我们站在历史高度重新思考不同文化如何交流互鉴，如何把握改革开放的大好机遇，立足中华文化，从"人类命运共同体"这一理念中思考当今世界处于百年未有之大变局的客观历史现实，创造性转化创新性发展中华优秀传统文化与推动中外文化交流互鉴，不断提升中华文化的竞争力和影响力。

（一）"一带一路"提出为中华优秀传统文化创新发展提对外交流平台

"一带一路"倡议的实施，在为我国经济发展提供广阔平台的同时，也是中华优秀传统文化走向世界舞台的良好契机。"一带一路"倡议是国家文化软实力提升的坚不可摧的精神力量，推动中华优秀传统文化走向世界，有益于扩大我国"文化朋友圈"，让世界看到崭新的中国。

1. 丝绸之路自古就承担着我国传统文化传播的历史重任

1877年，德国学者李希霍芬在《China》一书中，首次将两汉时期中国与印度、中亚间，以丝绸贸易为主的交通道路称为"丝绸之路"。丝绸之路始于西汉，在隋唐达到兴盛，张骞"凿空之旅"、玄奘"西行"、郑和"下西洋"为架起东西方之间互通有无的运输通道提供了有力的保障。丝绸之路不仅是经济贸易的通道，更是不同文化交融共生的通道，为东西方文明交流打开了窗口。一是物质文化的交流，以丝绸、瓷器、茶叶、铁器等为代表的商品传向世界各地，丰富了西方人的生活，而葡萄、胡椒、黄瓜等农作物的到来让国人的餐桌更加丰盛。二是精神文化的交流，音乐、戏剧、舞蹈、绘画、文学、宗教等的交流融汇，形成了你中有我、我中有你的和合共生文化。在东西方文明的接触碰撞中所展现出的和平开放、贸易平等、文化包容、互惠互利是丝绸之路所承载的"丝路精神"的鲜活体现。

"一带一路"唤醒了一个绵亘两千余年的历史符号，是对丝绸之路文化的继承与超越，在新的时代背景下，成为联通中外文明交流的纽带。我国实施"一带一路"倡议，积极同沿线国家建立伙伴关系，共同发展，共享成果，让丝绸之路在社会主义新时代焕发出新的活力，更让丝路精神迈向新的历史高度。

2. 与沿线国家开展经贸合作，为中华优秀传统文化传播提供便利条件

"一带一路"倡议实施以来，我国积极与沿线国家地区间推进互联互通、签订自由贸易协定、完善基础设施、建立孔子学院，不断推动各类经贸合作深入发展，使国内项目走出去，将沿线国家的项目引进来，有力提升了民生福祉，加速

了经济发展步伐，为中华优秀传统文化传播创造了和谐宽松的外部环境。具体表现在：

（1）随着沿线各国经贸往来加深，企业员工数量增加，中华优秀传统文化的传播受众随之增加，扩大了中华优秀传统文化的传播规模；

（2）大量高素质的国际化人才是经济高速运转的基础，推动孔子学院的跨文化人才培养，为中华优秀传统文化的传播提供持续不竭的资源储备。

（3）经贸合作往来频繁，合作层次逐渐提高，需要整合国内外的资源、能源、信息、人文等作为支撑，从而为中华优秀传统文化的传播提供了便利，促进文化资源开发，利于优秀文化产品打造。

（二）推动中外文化交流互鉴，提高中华文化的国际影响力

在人类社会发展的历史进程中，遵循一条普遍规律，世界文明平等交流互鉴，便能促进文化发展，反之则不然。在两汉时期，张骞出使西域极大地促进了东西方文化交流。但西方历史上的十字军东征，却造成了欧亚人民的血泪史。世界文化因交流而有价值，因有价值而相互借鉴，因相互借鉴而不断发展。2014年3月27日，习近平总书记在巴黎联合国教科文组织总部发表演讲中指出："各种人类文明在价值上是平等的，文明没有高低、优劣之分，历史和现实都表明，傲慢和偏见是文明交流互鉴的最大障碍。"阐明了人类文明"交流互鉴"是推动世界不同文化交流必须坚持的原则，也是提高本民族文化影响力的根本所在。不断推动中外文化交流互鉴，首先要厘清世界不同民族优秀文化成果的差异性。习近平总书记指出"要理性处理本国文明和他国文明的差异，坚持求同存异，取长补短，不攻击、不贬损其他文明。"要知道辨析和厘清不同国家文明的差异性，从整体上把握不同国家文化发展的历史脉络，由于各国具体历史环境不同，文化也存在着差异性，只有通过交流与对话，尊重不同国家民族的文化多样性，才能达到文化交流的目的，提升文化竞争力。推动中外文化交流互鉴，还需要辩证分析不同民族文明成果的适宜性。基于不同国家民族文明成果的具体性与多样性，要选择有益于社会主义先进文化建设需要的文明成果，做到适宜选择，区别良莠，通过交流互鉴提升本国文化生命力、创新力和竞争力。推动中外文化交流互鉴，在吸收不同国家民族优秀文化成果时注重消化，并有效做到创造性转化、创新性发展。习近平总书记指出："我们要强化问题意识、战略意识，紧密跟踪亿万人民的创造性实践，借鉴吸收人类一切优秀文明成果"。在中外文化交流中，我们要结合社会主义文化强国建设的需要充分借鉴其他国家优秀文化成果，使这些有益成分在

中国特色社会主义现代化建设中发挥应有作用，将这些优秀文化元素融入中华优秀传统文化之中，融入社会生活与时代发展之中，真正做到"洋为中用"，不断提高中华文化的国际影响力。

（三）坚守中华文化立场，推进人类命运共同体的具体实践

经过40多年的改革开放，中国从一个积贫积弱的国家发展成为世界第二大经济体，经济快速发展带来了国民生活质量的提高，也使得中国在世界影响力日益增强。中国有能力为国际社会秩序构建提供优秀传统文化智慧，提出"人类命运共同体"这一理念，正是基于世界百年未有之大变局的客观历史事实提出中国方案，这一方案将对构建国际新秩序和全球治理做出重大贡献。新时代习近平总书记提出人类命运共同体理念是基于人类社会发展共同取向的价值追求，也是在人类处在大发展大变革大调整时期在世界舞台发出的最强音，是符合人类追求和平、发展、合作、共赢的时代潮流。坚守中华文化立场，在人类命运共同体实践中，自觉维护世界文化多样性，尊重文化差异性是促进文化交流互鉴的基础。大道至简，实干为要。构建人类命运共同体，关键在于行动。当下的中国已进入与世界深度融合互动的阶段，中国日益走近世界舞台的中心，昭示着对世界和平与发展肩负起更大的责任。坚守中华文化立场，践行"上善若水，有容乃大"的实践智慧。中华民族是宽厚包容的民族。在社会主义现代化强国进程中，中华民族自古就没有"国强必霸"文化痕迹，而是展现在世人面前"协和万邦"的家国情怀，把握中华优秀传统文化面临的历史和实践机遇，始终遵循建设一个和平、发展、合作、共赢的和谐世界。

第二节　优秀传统文化传承发展面临的挑战

一、优秀传统文化传承发展面临的挑战

毋庸置疑，新时代大力推动中华优秀传统文化创新性发展有着诸多难得一见的时代机遇，然而，就当前的状况而言，中华优秀传统文化创新性发展依旧面临许多挑战。当前优秀传统文化传承发展过程中的挑战，主要来自优秀传统文化自身、现代化、全球化和大众化进程这几个方面。

（一）文化自身的问题

1. 文化载体尚未充分利用

中华优秀传统文化传承发展需以载体为依托，文化载体建设作为促使其传承至今的重要动力，需要根据时代发展与变迁，及时地予以更新和完善。文化载体形式多样，物质载体、网络载体以及活动载体等都是其重要表现形式，无论是哪一种，充分地加以利用都可以使得中华优秀传统文化发展在最大程度上实现质变与飞跃。然而，文化载体的利用现状不甚乐观，尚未将其优势充分展现，因而其所承担的提高文化自信、推动中华优秀传统文化发展的职责也未充分凸显。

以网络载体为例，随着互联网时代的高速发展，网络载体的地位也随之不同凡响。《百家讲坛》通过一些专业人士的讲解，将历史变得栩栩如生、引人入胜；《国家宝藏》以纪录片的形式让观众再一次感受到了中华优秀传统文化的隽永绵长；《中国诗词大会》的风靡则让无数中华儿女品味到了古代诗词的独特韵味。这些都是网络载体所具备的优势，但同时也应高度重视其传播效果，尽可能使得每一个以发扬中华优秀传统文化为主题的节目得到广泛的关注与赞扬。如若传播效果不如预期，那么则会使得网络载体尚未充分利用。不仅仅只是网络载体如此，物质载体、活动载体同样会因各种原因而遭遇未被充分利用的难题，为此需引起重视并努力改善这一现状。

2. 文化精华尚未充分挖掘

纵观整个人类历史，中华民族以自强不息的精神和勤劳勇敢的品质为世界文化宝库增添了一抹亮色，也为本民族的文化自信奠定了深厚的文化基础，而支撑这一切的根基便是中华优秀传统文化。然而，中华优秀传统文化的精华尚未得到充分挖掘，它的价值也未得到完整的阐释与独到的分析，这是新时代背景之下必须加以重视的一大问题。

一方面，文化精华尚未充分挖掘。在当前全球化飞速发展的时代，由于西方文化的冲击，中华优秀传统文化的创新性发展遭到了重大阻力，相当一部分群体在西方文化及其价值观的蛊惑之下，忽略了中华优秀传统文化的魅力，盲目崇拜西方文化，从而导致中华优秀传统文化精华尚未被大众广泛认可。

另一方面，传统文化的价值尚未充分发扬光大。传统文化中不仅有许多精华，也有一些糟粕，根据时代需要准确判断何为精华何为糟粕仍是当前的重中之重。纵使一些传统文化在当时具有积极的作用与深远的影响，然而在时代的变迁及人们认知水平的变化之下，一些传统文化可能会成为过时的东西，抑或是带有消极作用的东西，这是必须加以警惕并摒弃的。在明确何为精华何为糟粕的基础之上，唯有充分挖掘其中的精华，才能让中华民族在世界民族之林中占有一席之地。如若不然，便会造成传统文化的发展失去了根基，犹如无源之水、无本之木，因而充分挖掘传统文化精华便显得尤为重要。传统文化精华范围之广、影响之深，以儒家、道家、法家思想为代表的传统思想至今仍在发挥着不可替代的作用；以唐诗、宋词为代表的传统文学至今仍在浸润着中华儿女的内心，让其精神世界更加丰盈；以端午节、元宵节等为代表的传统节日至今仍是维系民族精神的纽带。充分挖掘传统文化精华，不仅是时代赋予的重要使命，也是新时代背景之下提高文化认同、增强文化自觉的重大举措。

3. 文化创新仍需加大力度

新时代背景之下，为推动中华优秀传统文化的传承发展，仅仅继承并挖掘传统文化精华是远远不够的，时代的车轮不断向前，还要在此基础上进行文化创新，才能让中华优秀传统文化永葆生机与活力，富含生命力。就当下的文化发展现状而言，尽管我国在文化创新方面已取得了诸多成就，但是和其他国家相比仍有不小的差距。

（1）文化创新并未形成一个系统的品牌意识。

以当下的影视综艺等领域为例，诸多大热的综艺，如《奔跑吧》、《爸爸去哪儿》等都与韩综高度相似；许多影视剧都由人气IP改编，为了取得利润最大化，有些IP甚至会出现影版与剧版两个版本；文化创作市场混乱，原创作品数量极少，一些抄袭影视作品反而引发狂潮。这些都是由于缺乏创新意识而造成的，长此以往，便会越来越难以形成本民族的文化创新特色与文化品牌意识。反观之，花木兰作为我国优秀传统文化的重要代表之一，先后被美国改编成动漫及电影，这样的创作意识值得每一个文艺工作者深思。

（2）文化创新存在只追求数量不追求质量的现象。

这种现象其实是在追求经济效益的过程中忽略了文艺作品的社会效益，同样以影视领域为例，如果仅是以收视率、网络点击量以及电影票房等因素来检验一部文艺作品成功与否，无疑是一种狭隘的观点。然而，就当下的文化创作市场而言，此种现象屡见不鲜，为了获得经济效益最大化，往往会造成粗制滥造、同质化严重的后果，这样的现象循环往复，便会对文化创新造成极强的冲击力，严重打压了文艺创作者的热情与积极性，因而在文化创作中重质量也是一个需要极为关注的问题。文化创新与文化自信息息相关，不断推动文化创新的过程也是提高文化自信的过程。因此，根据时代发展要求，直面文化创新所面临的问题并对症下药也就变得至关重要。

(二) 现代化进程的冲击

现代化是人类社会历史发展的必然过程。中华优秀传统文化面临的现代化冲击主要是指，在我国高速现代化建设以适应世界发展的过程中，工业化的快速发展极大提升了我国的经济效益，但与此同时在现代化进程中产生的现代价值理念却冲击着人们对于传统道德理念的信仰，使得人们对民族文化产生自卑感。除此之外，还有现代科技带来的负面影响以及城市化建设对文化遗产的破坏都影响着中华优秀传统文化的传承发展。

1. 近代文化衰微带来的文化自卑

文化自卑是一个民族群体蔑视、质疑甚至不承认自身文化有任何价值的心态。近代以来，中国命运多舛，遭受到了西方列强的入侵。这虽然在一定程度上让中国被迫开始进入现代化，但中华传统文化却在此过程中遭受西方近代文化的强烈冲击，中华民族对抗帝国主义屡屡失败的现实让人们开始认识到了我们在科技和文化上的落后与不足，唯我独尊的文化优越感从此一落千丈，由此而来的文化自卑心理愈加严重。从废科举到新文化运动，曾经作为中国人安身立命根本的中国文化尤其是儒家文化逐渐失去其在教育、政治中的崇高地位，最终被放逐到现代中国文化格局的中心边缘。面对西方近代文化的入侵、中华传统文化的飘零，中国人失去了在精神、伦理领域的信仰和支撑。而在当时民族危亡，国人急于寻求救国之路的历史背景下，以伦理道德为特征的中华传统文化被国人在功能坐标中判定是对富国强兵无用的，从而将传统文化贬得一无是处。尤其在"五四"新文化运动中，一些激进主义者完全否定传统文化的价值，更有甚者开始怀疑自身种族的品性。这足以看出当时国人的文化自卑心理有多严重了。直到今天，文化自卑心理依然存在。"历史虚无主义"就是文化自卑心理的典型和代表。是指不加理性分析就认为自己民族不存在奋斗历史，自己民族的思想文化没有价值的观点。二十世纪就在我国兴起，至今一直存在。尤其是近年来网络新媒体的出现，更是给历史虚无主义者以可乘之机，他们以"重新发现""重新审视"的标题为噱头，利用人们的好奇心，割裂历史的完整性，以偏概全，歪曲党的革命建设史，完全否定中华优秀传统文化的价值。他们通过大力渲染西方文化的优点，来贬低中华优秀传统文化的优势。认为只有西方文化中的科学、理性才是现代文化，而中华文化对"和谐"的追求是安于现状、逃避现实的消极落后心态，"民本""德政"等优秀思想也被当作是"封建""愚昧"的。这种文化自卑心理不仅会大大打击人们对于民族文化的自信心，阻碍中华传统文化的现代转型，同时也会影响民族的团结稳定。

2. 现代科技发展带来的影响

现代科学技术是社会前进发展动力，也是国家强大的重要标志。当下新媒体技术的发展，虽然为文化的转化创新以及文化产业的兴盛带来了一定的机遇，同时为古代文化带来了现代科学的思维观念，使得其传播的范围更广、传播的速度更快，能够让更多的人接触到传统文化。但另一方面，现代科学技术也存在一定局限性，其快餐式、碎片化的介绍模式也容易对文化的转化创新带来不利影响。

一是现代科学技术碎片化的介绍模式，容易歪曲经典著作的原意。现代科学技术，尤其是当下互联网、新媒体的出现，使传统文化往往以短视频、精美短文的形式呈现。但中华优秀传统文化绵延至今，经历史积淀已形成一个完备的文化体系。并且其文本中的精髓内涵往往采用隐喻、含蓄的方式，属于高语境的文化体系，若脱离文本，单独理解其中的一句话就容易曲解其原意。在新媒体这种碎片化的呈现方式下，很容易出现媒体人为追求点击量、吸引大众眼球，以娱乐性为目标改编和曲解中华优秀传统文化的现象。如现在在微信、微博等平台出现的一些博主声称自己熟读《周易》，能够算八字、看风水，预测未来，随意摆上《周易》中一两句高深的话语显示自己的能力。殊不知，《周易》实际上是古代劳动人民在实践中形成的对自然、社会变化的一种认知，并用朴素唯物主义思想总结的自然规律，它是古代劳动人民智慧的结晶。另外，还有一些人望文生义。如"天地不仁，以万物为刍狗"这句话，随意引用会被人误解。实际上它的意思是天地没有任何的偏见，对待万事万物都一样。

二是现代科学技术简化式的传播形式，冲击了传统的传承方式。在电脑、手机、电子邮件等通信技术的冲击下，人们越来越喜欢用打字的方式与人沟通，以至于连常见字都忘记了如何书写，更别说会静下心来学习毛笔字了。事实上，中国古代传承文化的基本方式就是靠书写，一支毛笔不仅是简单的书写工具，其尖、齐、圆、健的特点反映了中国古代文人自强不息、兼容并包的风骨。但如今互联网的出现让毛笔无处所依，更让毛笔内涵的精神特质被机器掩藏。简化下的文化传承方式带给人们的是失去灵魂和温度的文字，使人难以体会中华优秀传统文化的丰富内涵。

3. 城市化进程对传统文化的冲击

精神文化的凝聚和体现就是物质文化，文化遗产是我国的重要财富。我国十分重视考古工作，在对考古过程中发现的文物的保护做得十分完善。但是在大力发展经济的同时，对传统文化遗产的破坏也是显而易见的。城市化的进程造成了历史遗产的毁坏和传统文化的消亡。

（1）过度开发，造成文化遗产的永久性毁灭。这里过度开发是伴随着旅游业的蓬勃发展开始出现的，经常发生在古村落开发中。伴随着全球化与城市化发展的车轮不断向前，我国的乡村经济结构与社会生活方式逐渐发生着变化，并且影响着古村落的良好发展。在20世纪末，冯骥才投身于文化遗产抢救工作，曾经调研过我国的村落数量，他透露到：我国的自然村10年前有360万个，现在则只剩270万个，这样也就意味着，中国每一天消失80多个自然村，这是一个可怕的数字。冯骥才表示，我国的自然村落就犹如一本历史古书，然而现今关于古村落的很多内容还来不及研究就已经消解破坏了。前住房和城乡建设部副部长仇保兴对我国古村落消亡的原因做出了三方面的分析：

其一，我国目前古村落不可避免的历史性老化让村落中的建筑破败不堪，并且造成无法修复的局面；

其二，由于古村落中大量的年轻劳动力外出务工，随之而出现"空心村"的现象，加速了古村落的消亡；

其三，村落中外出务工人员希望有城市内的生活居住条件，便开始毫无规划地新建自己的房屋，使得古村落的风貌严重遭到破坏。

（2）千篇一律的规划，造成文化遗产失去个性。在我国城市现代化飞速发展的过程中，"孪生"的高楼大厦拔地而起，这虽然反映了我国基础设施建设的成就，但也暴露出我国城市化建设中存在着"千城一面"的问题。这个问题不仅存在于旧城改造中，也存在于新城建设里。当下的城市建设往往为了追求速度和效率，而忽视对城市历史变迁和历史特色的深入调研，在不了解历史传统的情况下就开始建设。比如将城市中的古建筑一律刷成白色，虽然看上去很整齐，但也让古建筑失去了本身的历史沧桑感和自身的特色。再比如现在的一些仿古建筑，设计方案也是千篇一律，让人难以体会一个城市的历史底蕴。中华文化的精气神凝聚在中国建筑中。中国的建筑，不是一座冰冷的房屋，而是具有温度的文化精神的彰显。而现在，全国各地的住宅似乎都是一个样，这不仅让古建筑失去了自身的个性，同时也让中华文化的精气神在现代城市建设中荡然无存。

（三）全球化发展的挑战

全球化发展浪潮，不仅影响着各国经济发展，同时也制约着各国文化的发展方向。各国文化在世界领域中，有交流也有冲突，这种文化在全球范围流动的现象就是文化全球化。中华优秀传统文化的传承发展也不可避免地置身于文化全球化发展的浪潮中,面临着文化发展全球化的挑战。

1. 民族文化焦虑感的催生

在文化全球化的浪潮下,一方面中华优秀传统文化获得了更加广阔的传播空间,有更多民族和国家的民众逐渐领略到中华文化特殊的气质。但在另一方面,中华优秀传统文化也遭受着文化霸权主义的进攻,国民对民族文化的安全问题感到担心,对民族文化的前途感到迷茫,文化焦虑感也由此而来。文化霸权是一种国家间不公平的交往行为,反映了实力强大的国家在文化上对其他国家的压制。这一现象经常发生在西方国家中,他们借文化全球化的趋势,利用影视、教育、语言等形式,向其他国家散播他们的政治主张、文化观念、行为方式,认为只有西方的价值观念才是优秀的、先进的,试图将文化全球化变为文化西方化,其目的是将自己的思想、行动理念以压迫性的形式,灌输给弱小的国家。受文化霸权主义的影响,不少国人害怕中华传统文化的伦理特性会被西方非伦理性文化所吞噬。如前文所述,我国文化重人与人之间的关系,讲社会规范和原则,形成了十分丰富的道德理念,对维护人际友好交往、社会和谐稳定起着重要作用。而西方却正好是非伦理型文化,崇尚科学、理性,虽然这有利于自然科学的发展,但由于欠缺对人伦道德的思考,最终导致过度重视工具理性,从而弱化了对人的关怀,带来科技发展和工业化进程中各种异化现象。个人主义、享乐主义、拜金主义等思潮就是这种异化的表现。同时,西方国家又利用自身文化霸权主义的地位,通过影视剧等形式将这些消极文化渗透其中。受西方工具理性思想影响,中国人的价值观念也有所改变,甚至在价值观上迷失了方向,不知所措。这些现象无疑增加了国人对民族文化安全问题的焦虑感。

2. 民族文化认同感的消解

文化全球化不仅冲击着中华优秀传统文化的文化特性,同时也威胁着大众对于民族文化的认同感。首先,文化全球化在冲击传统节日中消解着大众的认同感。节日是国家、民族的重要而特殊的日子,是国家的标志性的文化记忆,体现了整个民族的精神风貌。正是因为有相同的历史,相同的情感,才有了对民族文化、民族身份的认同,民族节日就像一剂强有力的黏合剂,凝聚着世界范围内的中华儿女。但在文化全球化的过程中,西方的节日如圣诞节、情人节、愚人节等如洪水般涌入我国,以至于现在的年轻人更喜欢过西方这种娱乐性更强的节日,对于传统文化节日缺乏一定的了解和兴趣。这种情况威胁着我国传统民族节日的传承与发展,影响着大众对于民族文化的认同感。其次,文化全球化在弱化主流意识形态中消解着大众的认同感。坚持正确的意识形态与传承发展我国古代优秀思想密不可分。但在文化全球化的过程中,西方国家借助先进的媒体技术,以电影、电视等形式大肆宣传,出现了多样化的观点,甚至一度否定我国的传统文化,将我们对民族文化的传承发展当作"狭隘的民族主义"。这不仅会造成人们思想上变得杂然无序,使人们对于民族文化的认同感变得衰弱,同时也会威胁我国意识形态领域的安全和我国的稳定团结。

3.民族文化竞争力仍需提升

文化看似无形,但是国际上许多国家日益重视文化在国家实力中的位置,纷纷将文化摆在国家建设的突出地位,并在全球范围催生了庞大的文化产业,这些文化产业以载体的形式承担起传播各国文化的重要作用。然而,在文化产业的发展中,竞争力强的国家会依仗其庞大的经济能力控制全球产业,在市场上排挤弱国。应该认识到,虽然我国的经济实力已实现了跨越式的提升,但我国文化实力和竞争力尚未达到相应的高度,与具有超强文化竞争优势的发达国家相比还相差甚远。文化竞争力不足的问题也在制约着我国中华优秀传统文化国际传播。总的来说,我国文化竞争力不足主要体现在以下两个方面:从质量上看,文化创新能力有所欠缺。我国古代卓越的思想文化内容丰富、精妙入神,能够为文化产业、文化产品提供丰厚的历史文化资源。但当下,中国在传统文化产业方面的发展与国际相比还不够强大。西方一些公司作为全球文化产业巨头,已经形成了集影视制作、主题公园、消费产品和网络媒体为一体的文化产业链条。他们能够取得成功的一条重要原因就在于它坚持不断创新,善于借鉴不同国家的文化。相比之下,目前我国虽然也有取材于中国传统神话故事,带有不少中国文化符号或元素的动画影视。但这些作品却存在着素材选择局限性强、剧情设置老套、特效水平不高等诸多短板,制约着传统文化产业的国际竞争力。从影响力上看,缺少具有国际感染力的文化品牌。虽然我国已有许多文化传媒公司,但依然缺少世界影响力。缺少文化品牌,一方面会难以将中华优秀传统文化中丰富的文化资源转化为具有时代性、创新性的文化产品;另一方面也难以形成畅通的海外市场,将传统文化产品推向世界。我国国漫之所以始终无法走向国际,有在剧情设置、人物塑造过程中忽视借鉴其他民族文化的因素,同时也由于我国尚缺少具有国际影响力的品牌,无法形成强大的文化竞争力,这些因素都在阻滞着中华优秀传统文化在国际上的传播。

（四）大众化传播的问题

在中国古代，中华优秀传统文化之所以是活的，是因为它存在于人们的日常生活、国家的政治生活中。而在当代，中华优秀传统文化却往往被当作精神遗产被放在学术殿堂，几乎退出了我们的现代生活。究其原因，很大程度上是因为中华优秀传统文化大众化没有落到实处，民众还没有将中华优秀传统文化中的理念转为指导自己生活实践的人生智慧。

1. 数字传播不足

当前电子时代媒介的重要性，而当前传统文化的传播需要媒介方面的创新，而当前传统文化在数字传播过程中缺乏一定创新性。

媒介技术可以在一定程度上推动社会文化的发展，改变其既有的媒介传播形式。中国传统文化本来就是几千年来逐渐产生的，在数字化技术出现以前主要靠语言、文字和口耳相传的形式传播，非常注重人际传播、组织传播和群体传播。现如今，数字化技术出现，大众传播的时代到来，传统文化原有的传播模式被彻底打破，毋庸置疑的是，当前传统文化传播和发展需要借助数字技术。也就是说，印刷时代以书籍为主要传播媒介的传统文化，要不可避免地过渡到以互联网为主要传播媒介的现代数字技术传播时代。但是，利用数字技术传播传统文化需要进行传统文化的数字化转换，传统文化各个方面都要发生转变，而这一转换过程，对于大多数传统文化来说并不是轻而易举地。

在传播形式方面，目前主要以网站和APP为主，而新技术如VR技术等，未出现传统文化相关创新形式的呈现，而传播内容主要依靠于将传统文化的各类信息"复制"到各类传播媒介上，并未有针对传统文化数字化的创新内容的呈现，如传统文化网站和各类自媒体仅仅将传统文化的简单信息照搬到网上，内容千篇一律，并没有针对数字化传播做出任何改变。数字化标准还未形成，传统文化的数字化转换也没有成功，创新性传播仍有很长的路要走。

例如，去剧院里欣赏京剧，京剧表演的魅力主要通过舞台上演员的表演来展现。京剧的韵味主要在于演员的表演，著名的京剧大师梅兰芳也曾说过，京剧舞台艺术特点是"以演员为中心"的，京剧所有的戏都在演员身上。而京剧还有一个鲜明的特点就是虚拟，京剧的各种动作和展现的环境都是虚拟的，比如骑马坐船都没有实物，都是靠演员的表演来展现的，这种虚拟的特点更加突出了演员的表演，使观众感受到一种丰富的意蕴和无穷的意味。京剧这种特殊的表演方式决定了观众只能现场欣赏，若展现成数字化的表演方式，将无法现场欣赏演员的唱念做打，那么京剧的魅力将荡然无存。然而当前，针对京剧的数字化传播仍缺乏一定的创新性。

2. 商业性强，"功利主义"大行其道

当前，虽然传统文化产业越来越多，但在这些传统文化产品中却存在着以金钱、利益为目标的不良现象，与我们当初想要从传统中汲取力量的愿望相悖。这种以追求经济利益为目标的文化产品往往在浮夸的形式上下功夫，导致中华优秀传统文化在大众化过程中存在庸俗化、肤浅化的现象。现在许多地方都以纪念先贤的形式来传承传统文化，但实际上很多活动却是为了赢得金钱利益。如近几年"名人故里之争"这一现象接二连三地发生，不计其数的古代人物都没有逃过这场闹剧。纪念优秀的历史名人，本是教育青少年、教化大众的重要渠道，也是传承中华美德的重要方式。可为了追求当地的经济发展，却出现争夺历史名人的无理闹剧，这无疑是一种病态的名人崇拜，会对我们古代思想文化的延续更新带来巨大的伤害。再如近几年兴起的"汉服热"，这本是一项能够展示中华礼仪之美，增强民族荣誉感，助力传统文化复兴的有益活动，但在现实生活中却存在将汉服与利益挂钩的不良现象。一些人以复兴"传统文化"与"汉服"为噱头，在自己的媒体账号发布视频吸引粉丝，其目的不是为了向大众普及汉服知识，让大众感受汉服之美，而是为了营销和追求商业利益。甚至还存在所谓的"汉服圈"，认为只有汉服价格高才代表正统汉服，这种类似的现象无疑是将中华传统服饰庸俗化，不仅会引起人们的反感，同时也会阻碍中华优秀传统文化在大众间的良性传播。

3. 误解性高，"复古论"此起彼伏

在中华优秀传统文化大众化的过程中，存在一些人由于对文化自信内涵的理解不到位，对中国特色社会主义文化三部分之间关系理解不到位，而出现对传统文化过度崇拜的问题。他们认为对中华优秀传统文化的传承发展就是要复兴传统的一切东西，甚至走向"文化复古"的误区。

"文化复古论"，是一种对待文化因循守旧的思想，最早以康有为、梁启超为代表。在辛亥革命后，他们的观点由维新转向守旧。其表现为，在政治上企图用儒学来治理国家，在文化上捍卫旧秩序，妄想用陈旧的思想代替现代理论。近几年，随着"文化自信"理念的提出，人们愈加重视对我国古代优秀思想理念的学习。但同时，一部分文化复古论者却以此为契机，打着"文化自信"的旗帜过度宣传"国学"，一时间所谓的"女德班""国学班"出现在多个城市，这实际上是"打着中国文化反中国文化"，更有甚者提出"以儒代马"的论断，来否定马克思主义理论的指导地位。从认识论上说,"文化复古论"是一种以形而上学的、以孤立、静止、片面的思维方式看问题而造成的对中华优秀传统文化的误读。

从危害上看,首先,文化复古不利于孩子的成长成才。现在一些所谓的"国学班"根本没有正规的办学许可,所教的内容或包含着传统文化中的糟粕,或单纯让孩子死记硬背,甚至一些国学机构老师认为"不打不成材"才是正确的教育方式。这样的"国学班"不仅不会让孩子感到中华优秀传统文化的魅力,甚至会危害孩子的身心健康。其次,文化复古会阻碍社会的前进。传统文化从其产生和发展的条件来看,它是在农业经济基础上孕生的。我们现在想要延续更新的是优秀的部分,而文化复古论者坚持的是全面恢复古代文化,不对传统文化加以区分的盲目复兴,将早已落后于时代发展的糟粕也进行大肆宣传,这不仅无益于传统文化现代化转型,还会而阻碍社会的发展。最后,文化复古会干扰社会主流意识的安全。文化复古论者大肆宣扬现在的政策就是要复兴儒学,提出要"以儒治国",抛弃马克思主义的指导地位。这样的论断如果不加批判,将会扭曲古代思想文化转化创新的方向,甚至会对我国正确的思想造成严重的威胁,导致走向错误的道路。

4. 实践性弱,自觉意识有待提升

文化是大众的,文化产生于大众,传播于大众,创新于大众,践行于大众。传统文化只有成为大众日常行事和实践的行为规范才是"活"的,否则就会失去生命力、失去创新的动力。当前,随着传统文化类节目的兴起,大众对传统文化有了一定的了解。但大众化不能只停留在继承和传播的层面,更重要的是要发挥人民群众的首创精神,让传统文化成为"百姓日用而不觉"的智慧。就当下中华优秀传统文化大众化的效果来说,大众对于传统文化的践行力度还不够,自觉意识还不强。践行力度不够,主要体现在公民道德失范现象突出。虽然当下社会媒体经常大力宣传勤俭节约、爱护环境、尊老爱幼等美好的品德修养,然而真正落实到实践的人是少之又少。如在社会公德方面,每个人都有爱护公物、保护环境的责任和义务。但在现实生活中,破坏公物、乱扔垃圾等违背社会公德的现象却屡禁不止。在职业道德上,要求公民做到爱岗敬业、诚实守信。但在一些政府部门,办事拖沓的现象时有发生。家庭美德要求公民扶老携幼、节俭朴实。但如今不赡养父母、虐待子女的事件却经常出现在新闻里。在个人品德方面,爱国奉献、自强自律是每个人应有的品行。但现在大学生散漫懒散的状态似乎成为常态,自律自强变得难能可贵。自觉意识不强,主要体现在群众在传承发展中的作用不明显。当下的研究群体主要集中在专家学者之中,大多数群众只是宣传的受众者,缺乏学习研究创新传统文化的主动性。实际上，只有每个人都是传承发展中华文化的主体，只有自觉承担起古代思想文化转化创新的责任，才能营造良好的创新氛围。

二、优秀传统文化传承发展面临挑战的成因

新时代背景下中华优秀传统文化创新性发展的过程中，之所以会出现以上挑战，原因是多方面的，统而概之，主要在于文化认知片面化、文化宣传不到位及西方文化的冲击。

（一）传统文化认知片面化

习近平总书记指出："文化自信是更基本、更深沉、更持久的力量。历史和现实都表明，一个抛弃了或者背叛了自己历史文化的民族，不仅不可能发展起来，而且很可能上演一场历史悲剧。"文化自信一词含义深刻，"自信"二字更是直接点明了对待中华优秀传统文化所应持有的态度，既不能有文化自卑倾向，也不能有文化自大现象。然而，由于当前处于社会转型期，全球化、信息化的不断深入使得人民群众有机会接触到更广泛更多样性的文化，各个阶层所处的社会环境不同，所接受的文化教育也有较大差异，因而很难在各种文化交锋中做出理性的判断。

就当下中华优秀传统文化的认知现状而言，部分民众对中华优秀传统文化一知半解，仅仅将其狭隘地理解为古代诗词、传统节日等，从而忽略了传统文化的范围之广，无论是中华优秀传统文化整体的发展脉络，还是具体的内容和价值都缺乏整体认知水平。在对中华优秀传统文化的深远影响认识方面，部分民众对此没有特别深的感触，暂时还未从中领略到中华优秀传统文化所带来的陶冶情操之趣，也无法从中汲取对自身发展有益的文化精华。部分民众因难以在信息纷繁的互联网中明辨是非，因而极易受流行文化的影响，对中华优秀传统文化缺乏敬畏之感。此外，还有部分民众受外来文化的影响，将中华优秀传统文化与过时、传统等词汇简单地化成等号，大大曲解了传统文化的内涵所在，缺乏了解传统文化的动力，态度上比较冷漠，行动上比较消极，对传统文化缺乏正确认知，从而影响了对中华优秀传统文化的自豪感。以上这些现象都是当下民众对中华优秀传统文化认知片面化的表现，这也是新时代背景之下中华优秀传统文化创新性发展不畅的因素之一。面对这样的现状，如果任其发展而置之不理，则有可能会对中华优秀传统文化的创新性发展造成极大的冲击，影响广大民众对中华优秀传统文化的认同感与吸引力。

（二）传统文化宣传不到位

除却文化认知有片面化倾向以外，文化宣传不到位也是制约中华优秀传统文化创新性发展的重要因素，无论是宣传方式，还是宣传范围，都是需要密切关注的问题所在，如若处理不好便会事倍功半。

1. 宣传方式

线上方式与线下方式相结合早已成为一个老生常谈的话题，然而在实际的操作过程中，由于各种不可控因素的影响，其宣传效果并不如人意。从线上方式来看，即便各种新媒体平台极力宣传中华优秀传统文化的相关内容，但是却难以形成一个让广大民众热议的话题。关于这一点，其宣传效果不仅与从时下的流行趋势有一定关系，也与宣传内容本身有着莫大的关联，因而，如何将中华优秀传统文化以广大民众喜闻乐见的形式呈现出来，便是传统文化线上宣传所要重点关注的问题。从线下方式来看，即便各种官方组织大力推崇以中华优秀传统文化为主题的活动，但在实际的落实中，难免会有活动刻板乏味、民众参与度不高等问题。

1. 宣传范围

总体来说，城市的文化宣传效果要优于农村，经济较为发达地区的文化宣传效果要优于经济欠发达地区。这种宣传效果的不均等现象和诸多因素有关，包括当地的经济发展状况、文化资源配置状况等。这些都是文化宣传不到位的表现，在新时代的背景之下，如果不加以重视并极力改善此种状况，那么便难以充分挖掘中华优秀传统文化的独特价值，因而也便不利于其传承发展与发扬光大。

（三）西方文化的冲击

无论是从文化认知还是文化宣传方面着手分析中华优秀传统文化的发展困境，都是着眼于国内角度，如若将这一角度扩展至国际视角，便会发现，钳制中华优秀传统文化发展的另一重要原因便是西方文化的冲击。

一方面，近些年来，西方国家通过文化渗透的方式限制了中华优秀传统文化的发展空间。西方文化的新鲜感使得部分民众忽略了中华优秀传统文化的重要性，甚至以崇尚西方文化为荣，对西方文化采取全盘接受的态度，这样便容易造成传统文化认同危机，对中华优秀传统文化的凝聚力和向心力产生负面影响。这种文化渗透体现在方方面面，无论是食品类的大受欢迎，还是电影、音乐、动漫等文化产业所附带的价值观渗透，都在潜移默化地影响着国人的生活方式与思考方式。久而久之，这样的现象便会让广大民众忘却了中华优秀传统文化的隽永魅力，从而在当前信息大爆炸的时代迷失方向，盲目崇拜西方文化，而对中华优秀传统文化置若罔闻。

另一方面,西方国家凭借其经济上的优势长期掌控舆论导向,制约了中华优秀传统文化的国际传播。中华优秀传统文化的长期发展不只是一个在本国传承创新的过程,也是一个在世界范围内大放异彩的过程,因而,在新时代的背景之下推动中华优秀传统文化创新性发展也需要极力关注其对外传播的影响。尽管我国通过各种途径努力推动中华优秀传统文化走出去,但在大环境下,依然是西方国家掌握着文化话语权与舆论导向,西方国家因意识形态的不同而大肆宣扬"中国威胁论",对中华优秀传统文化抱有敌意,担心冲击其在国际社会上的文化地位,也极大阻碍了中华优秀传统文化的创新性发展。

第七章　当代优秀传统文化传承发展的路径

本章内容为当代优秀传统文化传承发展的路径，第一节介绍了中国传统文化与西方文化的碰撞，可以概括为近代传统文化与西方文化的碰撞和现代传统文化与西方文化的碰撞，第二节从三个方面来讲述中国优秀传统文化发展的路径。

第一节　中国传统文化与西方文化的碰撞

自给自足的封建历史，造就了中华文明在文化上的独尊感优越感。直到明清之际，这种优越感表现为一种文化自负。不仅认为中华文明是世界上最优秀的文明，甚至将其视为世界上唯一的文明。中华文明是世界上唯一既能考古证明、又有文献证明的文明，是世界上唯一从未中断过的文明。尽管中华民族经历了数次内部分裂，社会动乱，外族入侵，王朝更替，但中华文化血脉的延续却是无法撼动的，任何政权的建立，都最终被中华文化吸纳同化，形成中华民族灿烂文明的一部分。

从世界政治格局来看，早在商周时期中国创造出世界上独一无二、高度发达的青铜文明，而世界诸文明古国却相继没落和消亡。西周后期，奴隶制开始瓦解，后经春秋战国的混战和思想解放，到秦统一中国，封建制度建立，开始了长达两千多年的封建统治，而世界各国仍处于黑暗的奴隶制时代。直至明清之际，无论是在军事、政治还是经济上，中华文明都领先世界近千年。

一、近代传统文化与西方文化的碰撞

中国作为东亚文明起源地之一，作为最古老大国之一，长期以来的独尊地位促成的优越感和自豪感，造就了国人两千多年来的文化自信。这便是近代前夜国人的文化信仰现状，中国人的文化优越感至清朝中后期达到巅峰。几千年的文化自信使国人沉浸在已有成就中故步自封，坐井观天，未看到世界政治格局的变化。

加之清政府的闭关锁国和长期以来的民族独尊地位，使文化自信逐步在近代前夕走向文化自负。

清王朝对世界发展潮流的无知，使中国的民族优越感俨然成为一种文化自负的极端心态。明中后期以来，资本主义在手工业领域开始萌芽，但明朝实行的"朝贡贸易"政策，作为明初外交活动的一部分，其政治色彩远浓厚于经济色彩，加之明后期为抵御外敌实行"海禁"政策并修筑明长城，使资本主义萌芽在封建社会的牢笼之中被扼杀。为抵制英国商人在中国海岸的鸦片交易，出于自保清朝在"海禁"政策基础上实行"闭关锁国"政策，关闭通商口岸，只留广州一处进行通商。名为自保，实则闭关自守只会遏制经济发展的积极性。长期以来的封闭使得国人暂时远离纷争，反而夜郎自大、愚昧无知。正是16世纪明中后期以来，中国与西方国家资本主义的蓬勃兴起形成鲜明对比，发展道路走向下坡。当西方各国开始大刀阔斧步入资本主义时期，近代化已成为世界大趋，中国还处在皇权至上的愚昧状态，此时貌似强大的天朝上国早已落后于世界发展潮流，被动打开国门卷入近代化、开启屈辱的近代史已成定局。

（一）文化危机与文化探索

19世纪40年代至90年代，这是中国文化危机出现与文化道路探索的时期。

1. 近代初期的文化危机

近代前夜的中国已远远落后于西欧资本主义国家的发展水平，神秘而庞大的古老中国看似饱经沧桑，实则不堪一击。鸦片战争，打碎了清王朝安于现世的美梦，中国被动地卷入了世界资本主义运动，逐渐沦为半殖民地半封建社会，中国的民族自信心在风雨飘零的国家前开始出现危机并逐步走向幻灭。中国近代化，伴随着西方列强强兵利器的打击。铁犁牛耕的农耕文明对抗坚船利炮的工业文明，必然是不可挽回的溃败，中华民族的民族自信心在一次次溃败中开始从一个极端到另一个极端，从自负走向自卑。在激烈的近代化运动之中，一方面，先进的工业技术使国人开始有了亡国灭种的焦虑感和技不如人的挫败感；另一方面，民族危机的加深使国人陷入对本民族文化和本民族文明体系的深深怀疑之中。鸦片战争注定以失败而告终，在此之后长达半个多世纪的反侵略战争，中国屡战屡败，不仅失去了作为东方大国的宗主国地位，更被西方列强瓜分沦为半殖民地半封建社会。逐渐加深的民族危机，带来了深深的文化危机。中国在与列强抗击的一次次失败中，民族自信心屡受打击，民族优越感荡然无存，取而代之的是深深的自卑感和对整个中华文明的怀疑。如此，国人在由技术落差导致的民族危机中逐渐失去了对本民族的文化自信，丧失了对整个中华民族文明体系的自信。近代中国的民族危机，比以往的每一次更加强劲，清政府虽做出一定努力，但未改变溃败的局势。国人不仅在技术落差中失去自我，更在制度和文化上失去自我。西方工业文明强大的生产力和进步性，使古老的农业文明面临前所未有的挑战，中国在工业文明的强势冲击下，伴随逐渐丧失的民族自信心，产生了对中华文明怀疑的文化危机。晚清遭遇的民族危机带来了整个中华民族的文化危机，文化危机是更深层次的民族危机。近代以来，每一次动乱的失败，每一次向西方学习的失败，屡次挫败的态势压得国人喘不过气，救亡图存便成为近代以来的主题。但是近代以来民族危机的迫切性以压倒一切态势成为时代主题，民族危机的表象遮蔽了更为深层的民族文化危机，国人的文化心理在救亡图存的历史背景下从一个极端走向了另外一个极端。

2. "睁眼看世界"的文化初探

太平天国的制度即为将基督教教义转化为封建统治制度，例如以其中的博爱观念转化为原始朴素的平等、平均，进而进行反科学的宗教性统治。此种"西化"的革命最终走向失败，是因其向西方学习的思想观念或制度在中国化的过程中被其原本的封建传统所同化，丧失其原本具有近代化意义的内容，最终使得此种对西体的学习流于表面而行"中体西用"的实质。其原因在于，中国文化的产生所依据的经济基础、生产方式、生活方式及其所具有的实用理性思维方式，致使其吸纳一切对自身发展有益的内容，舍弃一切在实际应用中不实用的内容，进而将其进行转换、变异，使得外来事物逐渐成为自身的一部分，将其置于原有的文化系统之中。在此过程中，对于外来文化中与本系统内容相冲突的部分则被抛弃或改变其原意而使其服务于本体系。因为中国文化强大的同化能力，使得西方近代先进文化即使被吸收也无法真正发挥其自身的作用，其中近代化的积极因素会因其与中国传统封建文化相冲突而被转化。最终其内容仍是服务于封建文化。其所期望引进的西学内容并不能引导中国文化走向近代化或现代化，反而被中国传统文化所同化而走向封建。

中国在战场上的失利，使得早期有识之士意识到"器物"上不如人。1842年，魏源在《海国图志》写道"师夷长技以制夷"，作为睁眼看世界的第一人，魏源认为中国在技术上不如人，所以鸦片战争才会失败，中国学习西方的技术即可，中国在制度和文化上依然优于西方。然而，鸦片战争后中国在战场上仍节节败退，清政府为改变溃败局面开始大举向西方学习，于是为期三十年的洋务运动本着"自强""求富"的美梦，高举"中学为体，西学为用"的旗帜，轰轰烈烈开展起来。

随着半殖民程度的日益加深，西方文明步步入侵，西学与中学的冲突日益严峻，洋务运动的深入开展使洋务派认为引进西学能够补充中学并解决中西学的冲突问题。"西学中源"说应运而生。张之洞在《劝学篇》中指出："旧学为体，新学为用，不使偏废。"经此，"中体西用"口号正式提出。洋务运动是近代国人面对变局所做出的积极反应，一定程度上促进了近代中国的现代化，对近代中国的发展有一定的积极作用。但是，自幼接受封建传统文化教育的洋务派官员，尽管大刀阔斧的改革，但改革的目的是为维护封建王朝统治，因此洋务运动的改革注定失败。从最初睁眼看世界，到洋务运动的开展，从魏源对西方的称谓"夷"到"中体西用"口号的提出。显示了面对西方文化的强势入侵，有识之士对西方的认识和对中西方文明技术的差距有了一定的认知，但知识分子仍没有失去对中华民族的文化自信心，"中体"思想彰显了中华文化的根本即坚持中华文化主体性。

（二）文化主体性丧失与民族觉醒

1. 文化主体性丧失

甲午海战彻底打碎了中国人"天朝上国"的幻想，洋务运动的最大成果北洋舰队全军覆没，"中体西用"的思路遭受惨重失败，国人的民族自信心到达低谷，中华民族的文化自信受到空前的打击。甲午海战是中国近代史上最为耻辱的一页，习近平总书记将甲午海战的这段历史视为"中华民族历史上极为惨痛的一页，给两岸同胞留下了剜心之痛"。在这惨痛的经验教训中，先进知识分子开始更为深刻的探索，认识到不是中国技不如人，而是制度有问题。由此，中国人开始学习西方的制度，从君主立宪制到共和制，从总统制到议会制。中国在向西方的学习中逐渐丧失了自身文化的主体性，在技术落差中失去了整体民族自信心。甲午战争作为近代中国历史的转折点，扭转了国际政治格局，使华夏文明体系趋于崩溃。甲午战争给后中国人的民族自信心彻底丧失，自此国人的民族意识开始觉醒。

2. 民族觉醒与文化异动

甲午战争之前，对西方的学习仅停留在物质层面，国人的价值观仍是以儒家传统思想为主体。甲午战败后，"中体"思想宣告失败，中华文化主体性丧失促使了国人的民族意识觉醒，知识分子的价值观开始异动，对西方的学习转向制度文化层面。甲午战后康有为等人"公车上书"，开启了一场自上而下的变革，实行君主立宪制，将西方文化依附于中国的儒学，并推崇孔子为改制的祖师，把西方文化中最突出的理念民主、平等、自由等都说成是孔子所创，将儒家文化与西方文明结合在一起。尽管维新派在变法中不得不举儒家大旗来推动变法的实施，变法还是遭到了顽固派的绞杀。戊戌变法的失败，昭示了君主立宪制在中国行不通，但中国知识分子在文化上的探索从未停止，辛亥革命就是其显著的标志。20世纪初八国联军发动侵华战争，清政府节节败退，签订了丧权辱国的《辛丑条约》，巨额白银的赔偿严重加深了人民的苦难。而清朝政府"量中华之物力，结与国之欢心"的腐朽统治越来越激起国人的愤怒，加之戊戌变法的惨痛教训，使人们认识到要想实现国家富强必须推翻清政府的统治。与此同时，知识分子对以儒学为根本的传统文化的批判更为深刻。

（三）传统文化低谷与新文化觉醒

1. 传统文化低谷

辛亥革命推翻了清政府的统治，建立了中华民国临时政府，但胜利果实被袁世凯窃取，反帝反封建的使命并未完成。辛亥革命的失败使知识分子认识到，向西方学习技术和制度是行不通的，必须实行思想革命才能救国。在北洋政府的黑暗统治下，1915年签订丧权辱国的"二十一条"。1919年，巴黎和会上中国作为战胜国却还是得到了战败国的待遇，软弱的北洋政府准备在和约上签字。消息传到中国后，一片哗然。最终于1919年5月4日，爆发了轰动全国的"五四运动"。北洋政府打着尊孔复儒的口号，直接激起了知识分子反传统的批判。1915年，以胡适、陈独秀为代表的知识分子开始反思传统文化，发起了一场"反传统、反孔教、反文言"的革命，高喊"打倒孔家店"的口号，高举西方民主与科学旗帜，探索中国强国之路的新路径。在这场斗争中，儒家传统文化无疑充当了腐朽的北洋政府的代名词，对传统文化的批判达到高潮，传统文化的失落到达低谷。

2. 五四新文化运动的文化觉醒

五四新文化运动在新政体与旧思想并存的时代环境之下，猛烈地冲击旧思想对国人的束缚，激发了国人传统意义上冷漠的国民性，极大地解放了人们的思想，使得国人对于新政体和新思想的追求超越历史上的任何一个时期。马克思主义在中国的传播和同时期引入的西方民主思想一样，成为五四新文化运动在思想层面上的必然选择。在此过程中，五四新文化运动最得突出的表现就是通过对于马克思主义刊物、著作、团体发展促进，为马克思主义在中国的传播创造了思想条件。使得马克思主义思想不仅在知识分子群体中开始广泛地传播开来，同时也不断地深入到工农群众当中去，在获得广泛的社会基础之后，与当时社会上的主流思潮进行了深刻的碰撞，成功地成为五四新文化运动发展的主导思想和革命理论。在中共早期组织和中国共产党的成立过程中，一系列的思想和实践活动，也同时推动了五四新文化运动的发展。首先，马克思主义成为新文化运动的主流思想之后，使得新文化运动的性质开始发生改变，由思想启蒙和改良运动转化为新民主主义革命的范畴之中。其次，马克思主义的传播使得五四新文化运动中具有一定先进性和革命性的五四社团从早期的文化现象转变为马克思主义传播的力量主体。不仅为党组织的建立提供了组织基础，同时也孕育出大量的共产主义知识分子，为新文化运动统一思想，并将先进的青年和具有战斗性的五四社团转化为新的革命力量。这种影响使得新文化运动的历史定位和意义发生变化，成为中共创建史上的重要历史时期。

二、当今东西方文化的碰撞

近几年来，西方国家为了谋取自身利益的最大化，凭借其强大的科学技术和综合国力，确立和强化西方文化在国际中的主导地位。不仅推动西方价值观、伦理道德等在世界范围的大众化，也企图确立自己在道德、知识、文艺领域的绝对权。

当前面对复杂多变的国际国内形势，习近平总书记结合新的时代条件和实践要求，继承和创新了马克思主义文化理论和中国共产党历届主要领导人的传统文化思想，对中华优秀传统文化做出了一系列重要论述，而对这一重要论述的时代背景与理论渊源展开梳理，有利于我们全面理解、深刻把握其科学内涵及理论价值与实践意义。

随着经济全球化和社会信息化的不断推进，各国之间的联系交往日益密切，世界范围内各民族国家的经济、政治和文化之间的交流日益频繁，各种社会思潮相互激荡碰撞，文化全球化已经成为一种历史发展的基本趋势，而国家文化软实力的强大与否，在一定程度上决定了这个国家的国际话语权和号召力是否强大。因此，世界各国越来越重视加强国家文化软实力的建设，把其视为国际竞争和综合国力强弱的重要考量和战略主战场。

本着为中国人民谋复兴以及为世界人民谋和平谋大同之根本目的与宗旨，习近平提议和倡导共同建设"人类命运共同体"的思想主张与美好愿景，为构建一个"持久和平、普遍安全、共同繁荣、开放包容、清洁美丽的世界"，为建设一个充满国际公平正义、国际关系民主化和持久和平、合作共赢的美好世界贡献出了具有中国精神的全球治理方案。

不仅如此，当代中国不仅通过自身的努力实现了"和平崛起"，打破了所谓

"国强必霸"的现实逻辑，而且还在实践上通过"一带一路"等平台以"共商共建共享"为指导实现国际合作，促进地区和世界和平发展与合作共赢。尤其是在去年伊始的全球性抗击新冠肺炎病毒疫情面前所展现出来的大国担当，更加彰显出中华优秀传统文化和当代中国特色社会主义文化的强大生命力和文明引领力。

当然，我们还必须保持一个清醒的头脑。世界文化"西强东弱"的改变尚需较长时间，中国文化的国际影响力提升也不会一帆风顺，由于西方国家几百年以来在文化上占据强势地位，在很大程度上制约了中国向国际表达自己的声音，阻碍了中华文化和中国特色社会主义文化的对外传播力。面对复杂严峻的国际环境，中国在文化上如何发挥优势，使中国在文化冲突、文化融合、文化竞争中立于不败之地，充分发掘中华传统文化中的优秀资源，就必须全面深入研究习近平中华优秀传统文化重要论述，进一步提升中国作为一个负责任的大国形象、国际话语权及其文化和文明引领力，为建设"人类命运共同体"提供中国智慧和中国担当。

三、新时代文化交流

泰山不拒细壤，故能成其高；江河不择细流，故能成其深。我们应积极批判汲取包括西方国家在内的世界不同民族文化中的有益成分，才能使中华文化更加光辉璀璨。魏晋到隋唐时代印度佛教的中国化、一百年来马克思主义的中国化，都是中华文化开放包容的先例，都创造了各自时代灿烂的中国文化。今天我们的文化建设，依然离不开不同"吸收外来"。

（一）"吸收外来"的基本态度和基本原则

对待外国文化，中国共产党在坚守中华优秀传统文化立场和马克思主义意识形态主导性的基础上，奉行"洋为中用"的基本态度和"扬弃"的方法论原则。在这一关系中，最难处理的问题是文化的社会主义属性与外国文化特别是西方文化资产阶级属性的关系。对此，习近平有过深入地思考和阐述，针对具有最鲜明意识形态属性的哲学社会科学，他明确说"我们要善于融通古今中外各种资源"。也就是说，马克思主义哲学社会科学在坚守自身立场的基础上，愿意随时随地与其他各种非无产阶级的思想观念、意识形态对话交流、互鉴互学、不断进步。可见，与国外进行文化交往交流互鉴，就是我国社会主义文化对待外国文化的基本主张、基本态度。

吸收外来，主要应该以坚持辩证法"扬弃"原则：一是对于资本主义绝对的个人主义、金钱至上、抽象人权等错误观念文化糟粕予以摒弃并毫不留情地进行揭露批判；二是对西方文化中类似"自由""民主""平等""法治"这类既包含合理成分、又包含思想毒素的文化理念进行认真研究、仔细剖析，剔除糟粕、留下精华，在去除其"思想毒素"、再经过中国化改造的基础上，变为中国文化的有益滋养；三是对于西方文化中那些真正的精华因素，如多姿多彩的文艺表现形式与技法、先进的文化产业管理与运营经验等等，则完全可以奉行"拿来主义"，为我所用。习近平生动地论述了"吸收外来"的这一根本原则。他总结了"扬弃"外来文化的方法，即"比较、对照、批判、吸收、升华"。这是一个层层递进又环环相扣的关系。比较就是从宏观上把握不同文化的总体内容、特征、领域、方向等；对照就是具体到某一外来文化某一特定领域、某一特定文化形式、某一局部，从细节上进行辨析研究等；批判就是以马克思主义文化观为准绳进行衡量，去粗、去伪，就是"弃"；吸收就是取精、存真，就是"拿来"，升华就是创新创造、发展弘扬。这是对"吸收外来"诸环节的逻辑概括，具有极强的针对性，必须在实践中熟练运用。

坚持"洋为中用"，坚持"扬弃"，主要通过"走出去""引进来"两条主要途径来实现。

（二）"走出去"以"吸收外来"

在坚守中华文化立场的前提下，我们应该大胆"走出去"吸收国外文化精华。

1. 国家教育部门要改革完善并不断扩大实施各级各类人才留学计划。

新时代面临百年未有之大变局，其中一个就是"知识爆炸"的形势，我国教育部门应准确识变、科学应变、主动求变，增强建设文化强国的责任感和使命感，变革创新中国科技文化人才海外求学制度，创造一切有利条件，促进学习国外文化精华。一是通过拓宽与其他国家签订文化交流合作协定和协议等传统路径，不断扩大中国人海外求学渠道，并充分利用一切常规和非常规的经贸交流机会，促成中国文化科技人才求学访学；二是加强对公费留学访学人员的选拔与审查，把爱国主义、拥护社会主义等作为重要指标，确保公费培养的留学生学成归来为国效力；三是鼓励和引导文化科技人才在赴国外求学、访学过程中，注意把西方文化发达国家民族经济、政治、科技、文化、军事等各个领域的先进文化理念、精神成就、思想精华、先进知识等等，以及文化产业发达国家的先进经营理念和管理经验、把现代科技手段与文化产业高度融合的有效做法等等先进文化因素带回来，像"海绵吸水"一样吸收外国先进的文化理念和文化经营管理理念。

2. 以国际经贸合作平台为依托，在推进经贸合作的同时，加强文化交流。

在经贸实践中、在经贸沟通交流中，留心学习和借鉴别国文化的长处和精华；在经贸合作框架内，加强实质性文化交流，使不同国家民族的人们在国际经济贸易中"手相牵"的同时也能"心相通""心相连"。国家相关部门和机构要抓住当前全球化在曲折中深入发展、中国在国际舞台上发挥越来越大作用的历史机遇，以"一带一路"建设为依托平台，加强与"一带一路"沿线国家之间的文化交流合作，"加强和丰富现有机制框架下的人文合作"，打造与沿线各国文化交流与合作平台，推动文化产品和文化服务贸易发展，把"一带一路"国家的文化精华和有益养分带回来；同时与其他非"一带一路"国家也展开和保持平等开放、互利互惠的合作关系，在交往中注意吸收其文化精华。无论是国外文化思想的精华、先进的人文理念，还是文化产业的先进做法、成功经验，都能成为我们建设社会主义文化强国的有益借鉴。

3. 用好民间中外文化交流机制

提倡和鼓励我国文化企业和公民在国外投资文化产业、参观访问、合作商谈、旅游娱乐、寻亲访友或工作生活过程中，积极加强与其他国家和民族人民的情感交流和思想沟通，在自觉尊重和包容不同民族文化与生活习俗的基础上，用心体会、仔细分辨和虚心学习其他国家和民族文化的长处和优点，把世界各国文化的精华和有益的成分带回来，进行改造和转化，使之成为中华民族的文化滋养。必须强调，这是非常重要的工作，因为人民才是民族文化发展的真正主体，人民在不同文化交往交流中所发挥的决定性作用是其他人无法代替的。这些"采集"而来的文化精华，要与中国的实际相结合，加以辩证"扬弃"，进行消化和熔铸、吸收转化，才能让外来先进文化融入和推动中国特色社会主义文化发展。

（三）"引进来"以"吸收外来"

"引进来"是中华文化"吸收外来"的另一条主要渠道。第一是各级教育机构、科研院所，以及其他社会团体、社会组织，应该广泛采用一切常规和非常规机制，积极利用一切机会，把国外的高级科技人才、知识分子、文化学者和文化产业经营管理精英请到国内讲学、演讲、参加专业学术会议，让更多的中国文化工作者有更多机会了解世界国家民族经济、政治、文化、军事等各个领域的先进文化理念、精神成就、思想精华和先进科技知识。第二是翻译出版机构和广大翻译界人士，在文化管理部门统一筹划和领导下，遵从国家文化交流政策的引导，有选择、有重点，系统化、高质量地译介体现当代西方最先进的思想文化成果、科学技术知识成就的著作，有意识地为我国文化健康发展提供有益借鉴和滋养，加大译介西方当代学术的力度，是我们"引进来"以"吸收外来"的重要方式。第三是国家要继续积极推动文化产业市场向国外资本有序开放，在我国法律法规许可的范围内，大量吸引外商独立投资或与国内文化企业合作经营文化产业，同时加强规范和监管。在这一过程中，积极吸收外商外资新颖的文化产业经营管理理念和有效经验、学习先进的文化产业技术。第四是要加强文化消费引导，使人民在对"引进来"的文化产品和文化服务进行消费的过程中，自觉辨别美丑善恶，去粗取精，切实提高文化素养。总之，积极"引进来"，是中国特色社会主义文化充满自信的表现。

第二节　中华优秀传统文化传承发展的路径

在新时代背景下推动中华优秀传统文化传承发展是一项任重而道远的工程，传统文化的发展涉及方方面面，影响也较为深远。为此，需将中华优秀传统文化作为优势资源，从经典推介、国民教育、生产生活、文化遗产、文艺创作、中外文化交流等多个方面，更为系统地拓宽弘扬路径。

一、对待中国优秀传统文化的科学态度

如何对待本民族的传统文化是任何一个国家或民族都不可避免、必须面对和回答的重要问题，中国也不例外。习近平强调，我们必须以科学的态度对待中国优秀传统文化，坚持继承与创新相统一，反对两种错误思潮，并坚持借鉴和吸收人类文明有益成果。

（一）坚持继承与创新相统一

新时代，要想在前人的基础上进一步地推动文化的繁荣发展，使其深入发挥文以化人、文以育人的社会功能、维护社会的稳定昌盛，必须掌握传统文化精髓，使其在新时代得以传承和发展。同时，为了复兴中华优秀传统文化、使其再度焕发朝气与生机，必须更新其内容与形式，以现代人时闻乐见、容易接受的方式进行传播和弘扬。儒家思想主张认为想实现雄伟抱负、具备高尚品德的人，只有先修养自身品性，才能管理家庭，才能治理国家，才能使天下太平。由此，将先提高自身才能匡扶天下的责任与义务印刻在了中国人的身上。道家思想主张道法自

然，认为大道以其自身为原则，自由不受约束。由此，中国人懂得了顺应自然又要以柔克刚。像这些蕴藏于中国传统文化中的思想还有很多，春秋战国时期就出现过百家争鸣的文化盛景。这些能够起到指引人灵魂的作用的精神标识，以底蕴深厚且历史悠久的文化遗产的形式随着时间的流逝代代相传，后人深受启迪和教诲的同时又将在从前人继承的基础上增添上新的内容，延绵不绝一直流传至今。如今，我们从前人的手上接过了历史的接力棒，再度焕发和复兴中国优秀传统文化的活力与生命力，完成我们这一代的历史重任是我们必须要积极解决的重大难题。优秀的中国传统文化要于今时今日的时代背景和条件下再度焕发生机和活力，必须符合时代特征和要求，对其内涵和表现形式、传播方式进行创新，这是完成我们这一代的历史重任的必经之路。时代在变化，生活水平和社会技术也发生了翻天覆地的改变，相应的现代人的观念也在发生着变化。但是无论思想再怎么变化，中国人始终要从自己民族文化中汲取养料和精神支撑。因此，我们的当务之急就是充分利用现代的新技术和新手段，分别在中国优秀传统文化的内涵、表达形式和传播方式等方面做出符合时代特征的改变，使现代人尤其是年轻群体更容易接受、更乐意接受。例如央视频道收视率很高的文化类综艺节目《中国诗词大会》，通过竞赛的形式考查选手对诗词知识的记忆及理解，在这个过程中将那些我们在书本中学到的、耳熟能详的诗词再次呈现于世人眼前，将大家带入了诗人营造的情境之中，感受诗人当时的心意与情怀，由此重拾现代人对继承中国优秀传统文化的饱满热情。这充分体现了当代人对换位思考的重视，孔子也曾提出"己所不欲勿施于人"的主张，呼唤大家提高共情能力，再优秀再有价值的文化如若在传播过程中遇到问题、走不进人的内心也发挥不了丝毫作用。

（二）反对错误思潮

中国传统文化对新时代中国特色社会主义发展的影响，不仅体现在文化建设方面，更涉及政治建设、经济建设等一系列战略问题上。习近平对此发表了重要论述，他指出，无论是我国传统文化还是其他民族的文化，在为我所用之前，必不可少的一个过程就是坚持科学扬弃的原则，对于传统文化要做到吸收古代的优点，扬弃缺点，对于国外的东西做到批判地吸收外国文化中一切有益的东西，为我所用。由此除去杂质，留取精华。

首先，我们必须坚决抵制文化复古主义思潮。文化复古主义思潮本质上是一种教条主义，对于中国传统文化千百年来产生的变化和发展视而不见，还是按照老一套，将已有的概念和方法不加选择和批判地套用到新生事物上，将传统文化看作是高尚、伟大、全面的代名词，完美的象征，囫囵吞枣、不加分析地照抄照搬、全盘接收。没有不犯错误的人，也没有无缺陷的物。这些人无视传统文化存在的局限性，极力将目前存在的马克思主义理论和社会主义文化以儒学和中国传统文化来替代，实现文化的全盘复古。这种思想、观念和态度不仅是对中国优秀传统文化的错误解读，而且为新时代中国特色社会主义文化的发展道路带来了严重阻碍。

此外，历史虚无主义是当前极具迷惑性、比较活跃的一股错误政治思潮。改革开放以来，历史虚无主义立足于西方唯心史观、西方后现代史学理论，打着"学术创新""还原历史"的幌子，脱离具体历史语境，解构历史、碎片历史、篡改历史，伪造历史史实，恶意中伤毛泽东与其领导的中国革命和建设的伟大事业，杜撰其不为人知的历史细节，否定其理论与实践贡献，妄图打开否定中国共产党、质疑中国特色社会主义、颠覆社会主义政权的切入点，势必影响广大人民群众的政治认同、价值凝聚。

进入新世纪以来，随着中国日益走向世界，改革开放的深入推进，社会主义市场经济的进一步发展，也带了一些不容忽视的消极影响。资本主义的物化价值正在侵占一部分人的头脑，出现拜金主义、享乐主义等不良风气。历史虚无主义思潮再次泛滥，不断出现"新变种"，呈现出新样态，尤其是党的十八大以来，中国特色社会主义进入新时代，历史虚无主义大有愈演愈烈之势，表现出娱乐化、生活化、时尚化、专业化、多样化等新特征。从文化领域入手，热衷于挖掘反面人物的"文艺细胞"，调侃经典作品，通过娱乐化的方式，注重所谓野史、"私人回忆录""历史揭秘"，虚构领导人之间矛盾，来诋毁党的领袖、民族英雄，特别是在一些特定时间节点，其错误言论喧嚣一时；借口"学术创新""理论反思"，制造"学术"陷阱，实则"新瓶装旧酒"；从日常生活领域入手，通过其所谓生理、心理分析来"移花接木"，全盘否定毛泽东等革命领袖、英雄人物；特意制造一种伤感、悲哀氛围，用所谓感情牌来试图博取认同，为反面人物翻案，诋毁毛泽东等革命领袖、英雄人物；运用微博、QQ、微信等载体，凭借其"意见领袖""网络公知"等隐秘地传播其错误观点，来混淆视听，迷惑青少年；鼓吹所谓"历史迷雾论"，全面诋毁中国共产党进行革命、建设与改革的历史；诋毁党的理论工作者，诋毁先进党员、模范人物进而否定中国共产党；攻击当前我国的内政外交，制造民族矛盾，破坏民族团结等等。这种历史虚无主义思潮对意识形态造成了严重冲击，颠覆了广大人民群众的世界观、人生观、价值观，不利于社会主义核心价值观的形成，消解了民族精神，如果任其发展下去，势必会危及中国共产党的执政地位、动摇社会主义道路,妨碍中华民族的伟大复兴。

应对历史虚无主义的传播、有效遏制历史虚无主义思潮的泛滥是一项复杂且艰巨的长期工作与系统工程,需要采取多方面的举措,动员不同社会群体的广泛参与,提出和形成一种抵制历史虚无主义思想逆流的社会合力,排除错误思潮干扰。还需要运用历史唯物主义作为指导思想,进一步加强社会主义意识形态阵地建设,牢牢掌握意识形态主导权;构建传播矩阵和壮大主流舆论;重视对广大群众进行马克思主义宣传教育与思想政治理论教育作用,提高人民群众分别理论是非的能力,充分提升人民群众应对各种错误思潮的抵抗能力,要适时开展党史国史教育活动以促进群众对历史文化的正确认识,构建以历史唯物主义和社会主义核心价值观为基础的历史观和价值观教育,为促进人民大众认知的成熟化提供科学方法论指导。

历史虚无主义思潮对历史事实进行随意改写,干扰我们的历史认知,歪曲我们的历史记忆,虚化我们的民族情感,颠倒我们的价值观念,干扰我们的道路自信。面对历史虚无主义思潮,我们应树立正确的历史观抵御历史虚无主义思潮的虚假性及欺骗性,同时还要加强对党史、新中国史、改革开放史、社会主义发展史的学习,牢记历史并从中汲取经验智慧。

(三)坚持借鉴和吸收人类文明有益成果

任何一种民族文化,为了谋求自身生存与发展,都会同时面临两方面的问题。对内面临着如何协调自身继承性与创新性的关系问题,同时对外也面临着如何协调自身与其他民族文化的关系问题。所有的民族文化随着时间的推移不断发展壮大,并伴随着全球化的深入发展彼此产生了千丝万缕的联系。作为千年大国,以正确的态度、科学的方法对待其他民族文化,做好模范和表率显得十分重要。事实上,世界是一个整体,所有的民族都共住一个地球村,有着共同的世界历史。新时代,随着生产力的进步,科技越来越发达,交通方式也丰富多样,各个国家与民族之间的交流与沟通也变得日趋便捷,作为民族文明的载体,文化也伴随着国民之间的密切交往不断交融,闭关锁国的现象鲜有。各个国家或民族之所以在文化交流方面日益频繁,除了因为有便捷的媒介之外,根本原因还是意图学习和获取他国文化的优势,来填充和抹掉本国文化的劣势,彼此互相配合,双方的能力和作用更能显示出来,实现双赢。历史证明,中华优秀传统文化的发展历程,本身也是一段立足于本民族文化、保持自己的民族个性的基础上,充分吸取有利于本民族文化发展的外来文化的历史。追溯到西汉时期,汉武帝派张骞出使西域,由此开辟了闻名中外的丝绸之路，推动了东西方文化大交融。而中外交流最旺盛、最密切的时期当属唐朝，作为当时的天朝大国，唐朝声誉远播，与亚欧国家均有往来。唐朝时万国来朝达到鼎盛，向其朝贡之国多达三百余，接纳各国交流学习，经济、社会、文化、艺术呈现出多元化、开放性等特点，诗、书、画、乐等方面也涌现出大量名家。明代郑和七下西洋，开辟了海上航线，所到之处声名远扬，有力地传播了中华文明，提高了中国的大国形象。由此可见，我们现在致力于继承和弘扬中国优秀传统文化，并非闭目塞听，它的形成离不开对外来文化有益因素的汲取，继承和弘扬本民族的传统文化与学习和借鉴外来优秀文化之间并不存在矛盾。习近平指出，当前全球联系不断增强，国与国之间在政治、经济贸易上需要彼此依赖，经济一体化的现象和趋势明显显现。尽管如此，经济一体化并不意味着政治一体化、文化一体化，我们强调要加强国内外文化交流，推动世界民族文化之林的大繁荣，但是必须是在保持民族文化个性和独立性的基础之上。人类文明的建设与发展需要各国齐心协力，中国始终坚持对外开放的文化发展态度，积极推动文化交融与发展。

二、中国优秀传统文化传承发展的依据

（一）理论依据

文化的发展是变和不变的统一，是传承延续和更新发展的统一。文化的生命力在于延续更新，延续是基础，更新是目的，二者如文化前行的两个轮子，缺一不可。文化传承是后人对于前人传统文化成果的认同，要想拓展新的道路、获得新的生命，我们后辈就必须善于创新，能够在延续的基础上让我们祖先的文化成果结出新的果实。因此，文化创新提供了社会前进的动力，只有革除旧的、更换新的，才能让传统文化在新时代焕然一新。

1. 文化的继承性

文化虽然是由生产力和生产关系决定，但彼此间并不是完全复制重合的。这表现为，文化与经济前进的步伐有时不太一致。这是因为，文化具有强大的继承性，从而是可以单独存在的，不一定必须紧紧跟随经济发展。一定的文化观念一旦形成，就会或多或少内化在人的心里，外化为民族文化的传统，成为一种不可低估的文化历史惯性。无论是什么年代的思想文化，都离不开过去的人所创造的观念。人们总是在直接碰到的、既定的、从过去承继下来的条件下创造。这是因为我们的生活，会受到整个文化环境的影响，总是通过口口相传、书籍文字等形

式，从我们祖先那里学习哲学、艺术、技艺，在学习的基础上融入自身的思考，从而让传统的东西有新的展现形式。如今的文化环境，是未来探究追寻新文化的基础。没有文化的延续，就没有更高层次的飞跃。毛泽东说："我们必须尊重自己的历史，绝不能割断历史。"习近平也说："不忘历史才能开辟未来，善于继承才能善于创新。"这虽然是针对中国情况来说，但同时也反映了人类文化发展的共同历史规律。

2. 文化的创新性

文化具创新性。文化不仅包括既定的文化成果，也包括创造文化的动态活动过程。党的十九大报告提出推动中华优秀传统文化创造性转化和创新性发展。中华优秀传统文化是民族的精神力量的源泉，包裹着我们炽热的爱国情怀和强烈的民族自信心，是华夏文明传承至今的本源力量。在传统文化的传承与发展过程中，应具有科学的观念与辩证的思维，既要看到精华所在，也要看到一些不足之处，取其精华弃其糟粕，才能源源不断地从中汲取养分，推动优秀传统文化的现代化转型。然而现实中，无论是对于传统文化精华部分的理论研究，还是对其进行的深层次解读都远远不足，使得传统文化根基不稳定，难以满足时代发展的要求。文化创新离不开传统文化与现代文化的融合，同时也要注重二者之间的平衡，促成和谐发展的局面。要深入挖掘中华优秀传统文化的现实意义，就要从实际问题入手，创造性地将其精神实质引入到现实背景和基本国情中去，以寻求理论突破与文化创新。优秀传统文化就好比一棵参天古树，孕育出灿烂辉煌的文明，根植于中华儿女的血脉与精神世界。个人的发展与民族的兴衰都离不开中华优秀传统文化的传承。在中华优秀传统文化的阐释过程中，脱离时代背景，仅仅以传统思想典籍中的相关论述来解决当今社会中存在的问题，从而证明中华优秀传统文化的现实意义与价值是片面的、不可取的。中华优秀传统文化的发展离不开文化创新与融合，只有遵循时代的发展规律，将其与社会主义核心价值观联系起来，二者相辅相成，才能深入人心，引起国民心中的共鸣，激发出爱国热情与民族自信心，最终实现文化繁荣，成为实现中华民族伟大复兴梦的精神伟力。

文化的弘扬不仅要继承，还要在实践活动中创新、发展，才能不断使其更新，从而永远朝气蓬勃。

（二）历史依据

中华优秀传统文化不是一潭死水、一成不变的，而是在基本不变中也有变动，是变与不变的统一。其变化的一面体现在中华传统文化总能以开放包容、兼收并蓄的特质因时而变、开辟创新。这种创新的特质不仅发生在中国古代，同时也延续至中国近现代乃至中国当代。

1. 中华优秀传统文化的古代发展

我们的祖先十分擅长以史为镜、以古开新。用新的时代内涵重新阐释传统，从而使其高出原本的水平，这是我们祖先向来坚持的。从中国文化发展的历程来看，在中国古代，中华传统文化经历了两次发展的高潮阶段，分别是西周——春秋战国——两汉阶段、隋唐——两宋阶段。文化高潮往往是由文化创新推动形成的，这两个阶段的文化发展是中华传统文化创新的范例。在西周——春秋战国——两汉这一阶段中，西周在总结殷商灭亡经验的基础上，提出了新的天命观。另外在礼乐制度上，周公完成了礼乐制度建设，规范了社会行为，建立起来了道德文化体系，使"德""孝"等重要道德观念出现。春秋战国时期，诸子百家面对严重的社会危机先后提出自己的政治主张。中国历史上文化繁荣的景象甚多，最早就出现在这一时期。这一时期是中华文明的思想摇篮，同时也是人类文明轴心期的杰出代表。两汉时期，两汉政府极力改造先秦儒学，使之成为国家的意识形态。最具代表性的是董仲舒融合了阴阳五行家的思想，对于以往的学说进行了变革和发展。在天人观上，董仲舒以阴阳五行为纽带，认为天与人均有阴阳。在道德伦理方面，董仲舒全面、系统提出"三纲五常"。另外，董仲舒也在人性论上分别对荀子和孟子的思想进行扬弃，认为人有善有恶，要通过德行兼备的方式来维护大一统的局面。虽然董仲舒的理论体系仍存在局限性，但总的来说，他对先秦儒学的改造是成功的，将先秦儒学提高到新的理论层次。在隋唐——两宋阶段，隋唐文化开放包容，繁荣壮美。在对待佛教文化上，国人运用"格义"的办法将其与中国社会相适应，实现了佛教的本土化转化。在文学艺术上，隋唐文化也高度繁荣，如诗歌、绘画、音乐、舞蹈、雕塑等都得到丰富的发展，产生了大量的诗人和其他艺术家。两宋时期的文化发展代表着中国传统文化达到了成熟，在我国整个文化长河中达到了极致。其中，宋明理学扬弃继承了先秦儒学，在中国哲学史上具有高屋建瓴的作用。之所以这样说，是因为宋明理学相对于先秦汉唐儒学，更加注重从形而上、本体论的角度去讨论，创造性地超越了原始儒学。从天道观上看，宋明理学形成了系统的宇宙本体论。继而又在此基础上将其理论引入人类社会。这一方面将伦理纲常进行了本体论的升华，成为人们遵循的理论依据，同时也弘扬了主体的能动性，以此增强了世人对儒学的认同，对于缺少心性讨论的原始儒学是一大补充和发展。除此之外，两宋时期的文学艺术、科学技术也得到了极大的发展。

第七章　当代优秀传统文化传承发展的路径

2. 中华优秀传统文化的近现代转型

鸦片战争之后，中华优秀传统文化在面对西方文化冲击以及中国内部矛盾激化的背景下逐渐解体。而解体并不是意味着中华优秀传统文化就此中断，而是走上了现代转型的艰难道路。针对如何进行现代转型的问题，张岱年先生列出了四种类型。其中第四种类型，即"主张发扬民族的主体精神，综合中西文化之长，创造新的中国文化"，这一观点被历史证明是正确的，也只有这一方向能够唤醒古代思想文化的生命力。中国共产党人就是这第四种观点的提出和发展者，他们的努力为复兴我国古代文化指明了明确的道路。中国共产党的传统文化观是要以辩证的眼光看待中西方文化。经毛泽东提出的"民族的科学的大众的文化"而达到成熟。此后中国共产党人在保持基本原则一致的基础上，根据时代的变化对中华优秀传统文化不断补充和发展。毛泽东对认真分析每一种观点，在综合分析的基础上做了全面的概括，同时以马克思主义理论为指导，形成了对待古代思想遗产的客观态度。在态度上，他主张用唯物辩证的方法来看待古代思想遗产。在更新创造上，毛泽东结合马克思主义理论，对古代许多观念思想都进行了进一步深化，做了全新的解释。如在毛泽东著名哲学著作《实践论》中将中国古代朴素、笼统的"知行合一"观发展到辩证、系统的思维水平。另外，在辩证法上，中国传统哲学中虽然也承认矛盾，但却强调矛盾的和谐、同一性，忽视斗争性。而毛泽东认为，对立的两个事物之间，除了会和对方紧密相依，还会出现冲突，这就是具有斗争的一面。毛泽东的观点为我国古代思想注入了客观理性的性质。邓小平在改革开放新时期继承发展了毛泽东的传统文化观。在如何对待传统文化的态度上，邓小平进一步提出"钻研""吸收""融化""发展"的八字方针，指明了新时期对待传统文化的新要求。在对传统文化思想观念的创新上，邓小平勇于进行改革的思想正反映了我国古代思想文化中"革故鼎新"的创新、变革精神；"实践是检验真理的唯一标准"正是对古代"知行观"、毛泽东"实事求是"路线的继承与发展；对"小康社会"的勾勒也正是邓小平对中国古代理想社会所做的新的阐释。江泽民、胡锦涛在坚持毛泽东、邓小平对待传统文化正确原则的基础上，结合国内外形势，提出中国共产党始终代表先进文化的理念以及建设与中国优秀传统文化相承接的和谐文化理念等。

3. 中华优秀传统文化的当代创新

社会主义核心价值观是根植于中国文化传统提出来的引导中华民族屹立世界之林的良方，是具有中国特色的社会主义核心价值观，在价值观上，社会主义核心价值观就是优秀传统文化创新转化的范例。

中华优秀传统文化富集的正能量密切联系着中华民族之道德风尚、思想情感、风俗习惯等。社会主义核心价值观则萃取了其先进价值追求，加之以贴合时代的延展，表达了出来。

优秀传统文化独特的文风和表达更是塑造了社会主义核心价值观的"中国气派"，而它的强践行性更是打通了精神文明建设的方法论。"天下兴亡，匹夫有责"的爱国情怀，"自强不息，厚德载物"的德育伦理，"民贵君轻"的民本思想等，至今仍具积极作用。十九大报告指出："对于传统文化的继承不能食古不化，更不能作茧自缚，而应立足新的时代条件，对其中适合协调社会关系和鼓励人们向上、向善的内容做出合乎逻辑、合乎实际的阐释，赋予其时代内涵，孕育其新形态。"这就提出了"两创"要求。

创造性转化就是要守正创新，具备时代风格和现代表现。创新性发展就是结合时代新思想新发展，拓展、补充、创新优秀传统文化之内涵与形态，"发展出具有深厚文化底蕴、富有时代特色的新样态"。"两创"实际上是要化蛹为蝶，凝练精华，塑造气质，成为文化自信乃至民族复兴之重要支撑。传统文化孕育了社会主义核心价值观之底色，社会主义核心价值观则吸收时代精神，推动内涵发展，以其培育和践行创造性地发扬传承、创新性地丰富发展了中华优秀传统文化。

中华优秀传统文化是在历史发展中遗留下来的文化瑰宝，社会主义核心价值观孕育于中华优秀传统文化当中，是对其的发展和创新。新时代下，我们更需要对优秀传统文化进行挖掘，不断凝聚人民的思想力量，最终实现中华民族伟大复兴的中国梦。

（三）现实依据

我国古代思想文化历史悠久，绚烂辉煌，蕴藏着民族的精神追求，活在每一个炎黄子孙的心中，是中华民族在全球文化中矗立的历史依据。它不仅在中国古代发挥着重要作用，在当代仍然具有强大的生存能力和渗透能力，对我们的思想和行为起着潜移默化的作用。随着中华民族在新世纪的伟大复兴，它还会对世界文明发展产生巨大影响，为解决人类共同难题提供中国智慧。

1. 强化民族认同，构建民族精神家园的思想基础

"文化认同"是"认同"的一个层面，指我们对自己生活的文化环境产生的情感。文化认同的重要作用在于彰显国人气质，培育民族共同体意识，强化精神认同。中华优秀传统文化的传承发展对于强化民族认同，构筑民族共同体的重要作用主要体现在：一是提供了共同的价值理念。中华优秀传统文化作为在中华

大地上生根发芽的民族文化，其优秀的价值理念具有强大的认同力和感召力，深深影响着各民族儿女，维系着全民族共同的血脉，将全民族凝聚在一起，组成民族团结的矩阵。二是为增强民族认同提供了共同的情感支撑。中华优秀传统文化在形成过程中，各民族都有功劳，不仅有总体一致性，还在统一中有着多种多样的色彩，是"你中有我，我中有你"的统一。弘扬中华优秀传统文化有助于唤醒各民族儿女的主体意识，为增强民族认同提供共同的情感支撑。中华优秀传统文化的传承发展对于构建民族精神家园的重要作用体现在：一是对于民族自信的建立，具有强大的鼓舞作用。中华优秀传统文化其悠久的历史发展、丰富的内涵精神，在世界文明发展史上都是别具一格的，无论从时间上看还是从内容上看都足以让中华儿女产生强烈的民族自豪感和自信心。二是对于民族精神、强大心态的造就，具有正面的引导作用。上文提到，我们的古代文化蕴含着深厚的人文精神，强调发挥人的主观能动性。在这种思想的造就下，中国人民每每遇到艰难险阻，中国人民都会勇往直前，战胜困难，由此形成了自强不息、坚韧不拔的中华民族精神。三是对青年价值观的形成，具有科学导向作用。学习传统文化中"仁义礼智信"的道德原则，有助于帮助青年学生学会如何做人、如何爱人，培养学生勤劳勇敢、诚信守礼的品质，不仅有利于青年增强对本民族文化的自信与认同，同时也能帮助青年学生在多元思想的冲击下寻找属于自己的心灵归宿。

2. 促进马克思主义中国化，建设中国特色社会主义的历史根脉

中华优秀传统文化，在中国特色社会主义道路、理论、制度的形成与不断完善的过程中也发挥着重要作用。

其一，走中国特色社会主义道路从深层次说也是文化的选择。在其形成发展过程中，马克思主义无疑是理论指导，但如果没有古代文化这片肥沃的土地，马克思主义也难以在中国社会开花结果。正是因为二者的相互融合，形成了有中国特色的文化，才为道路的形成确立了深厚的文化基础。

其二，因为理论属于文化的范畴，先有文化后有理论，正如有根后有果。所以中国特色社会主义理论体系也是以我国古代思想文化为根基的。一直以来，中国共产党人正是注重传统文化与马克思主义的融会贯通，才逐步确立了具有中国特色的理论体系，继而指导实践取得一个又一个的成功。

其三，中国特色社会主义制度，也难以脱离我国卓越的古代思想。任何一种社会制度的孕育发展都离不开社会条件和文化背景，若缺少这些条件，制度将无法维持或缺乏活力。如今中国所确立的制度体系正是以我国古代思想为依托的。因此，无论是促进马克思主义中国化，还是实现新时代的伟大事业都离不开对我

国优秀思想的延续与更新。

3. 解决当今世界难题，推动世界文明发展的中国智慧

当下，人类生活的环境危机重重，并不是风平浪静的。出现了生态破坏、资源枯竭、道德滑坡等社会和精神问题。这些难题不仅存在于工业化高度发展的西方发达国家，同时也存在于处于现代化进程中的发展中国家。虽然中华优秀传统文化的理念不能彻底化解人类所面临的现代性难题，但可以成为一个重要参照缓和矛盾的进一步激化。与西方文化所崇尚的"主客对立"的思维模式不同，中华优秀传统文化中的一个重要特征就是追求"贵和尚中"，进而达到"天人合一"的境界。

首先，自己身心的矛盾可以从传统的"身心合一"思想中找到缓解之法。上文提到，中华优秀传统文化强调通过修身，来实现身心的和谐。这种看法考虑的是人的精神的自我满足、自我价值的实现而不是外在的名利和毁誉。面对纷繁复杂的世界，寻找一处属于自己的心灵家园，才能有一个安身立命的根本，以慰藉自己的心灵。

其次，做到孔子所说的"仁"，将爱从个体推广至周围人乃至全社会，那么万物也会实现和谐共处。

再次，传统文化中"天人合一"的观念也为解决生态破坏问题、协调人与自然关系提供思想借鉴。

在工业化高度发展的过程中，环境污染、资源浪费问题已十分突出。西方以"天人二分"哲学为基础的征服自然、战胜自然的观念使人与自然的关系越来越紧张，走上一条人与自然相互抵触的道路。而中国哲学中的"天人协调"说主张"人"是"天"的一部分，二者是相互联系的，认为"人"必须遵循规律，尊重"天"，不然就会引起严重的恶果，遭到环境严酷的责罚。最后，传统文化中"贵和尚中"的理念也十分重要，可以为协调国与国之间的交往提供新的出路。与西方征服世界的观念不同，在"贵和尚中"理念的影响下，中国在处理民族关系和国际关系中一直主张"协和万邦"。中国政府积极推动构建人类命运共同体这一理念，对于促进国与国之间友好交往、稳定世界发展有着一定的积极意义。

三、当代优秀传统文化传承发展的路径

本书主要从以下六个方面来介绍当代中国优秀传统文化传承发展的路径。

（一）深入挖掘阐发中华优秀传统文化精髓

1.挖掘中华优秀传统文化精髓

在五千年浩瀚的历史长河中，流淌的中华传统文化并非全都是精华，有些腐朽过时的糟粕思想，也有些是值得再商榷、再审视的思想。例如，在官场文化里，既有"为政以德""当官避事平生耻""清贫耐得始为官""为官一任，造福一方""穷则独善其身，达则兼济天下""清心为治本，直道是身谋"等崇高理想，也存在着"官本位""封妻荫子""朝中有人好做官""一人得道鸡犬升天""千里为官只为财"等腐朽思想；在家庭文化中，既有"尊老爱幼""老吾老以及人之老，幼吾幼以及人之幼""举案齐眉""兄友弟恭"等传统美德，也存在"三从四德""厚葬久丧""丧三年，常悲咽""不孝有三，无后为大"等愚忠愚孝思想；在生态自然文化中，既存在"天人合一""万物齐一""人与天地参""取之有度，用之有节"的价值表达，也存在"畏惧天命"的老旧思想等。新时代，对中华传统文化理解的深度，决定了获得思想文化资源的程度。在"创造性转化、创新性发展"方针下，凝练中华传统文化之精华，剔除糟粕，切不可全盘接收，挖掘适应新时代发展需求、助力民族复兴的中华优秀传统文化精髓，我国政府对此透彻理解，使之契合时代大潮并超越其历史局限性，从而为社会实践提供正确精神指引。需要明确，何为中华优秀传统文化？可以说，它是从古至今中华民族所创造的优秀文化成果的集合，尤其是至今仍有重要价值的思维方式、情感表达、价值取向和精神观念等。其上限最早可追溯到原始氏族公社时期，其下限则以1919年的五四新文化运动为节点，中间大体经历了中国先秦诸子百家争鸣、两汉经学兴盛、魏晋南北朝玄学流行、隋唐儒释道并立、宋明新学发展、明清延续等历史时期。中国共产党遏制和匡正了不良文化思潮的趋向，真正挖掘梳理中华优秀传统文化与社会主义现代化建设的精准关系，挖掘讷言敏行、诚实守信、勤俭节约、艰苦奋斗、自强不息等对市场经济建设的作用；挖掘民为邦本、礼法合治、求同存异、正己修身、和衷共济等对民主政治建设的作用；挖掘崇尚正义、共筑大同、讲信修睦、推己及人、克己复礼、尊师重道等对培育和践行社会主义核心价值观的作用；挖掘惟俭养德、仁者爱人、中庸和谐、贵民崇礼、贵中尚和、德主刑辅等对社会治理的作用；挖掘天人合一、道法自然、知行合一、万物共生等方面的思想智慧，指导生态文明建设。

2. 阐释中华优秀传统文化精髓

中华优秀传统文化有其独特的形成逻辑，是经得起实践检验的文化，系统梳理和归纳弘扬中华优秀传统文化的精髓、实力与自信，是回答以什么样的"文"去化人育人的问题，这是引导人们清晰的认知和理解中华优秀传统文化的关键环节。要讲清楚中华优秀传统文化的历史渊源、发展脉络、基本走向，讲清楚中华文化的独特创造、价值理念、鲜明特色，增强文化自信和价值观自信。一方面，我国将具体文化精髓放在其具体的历史环境中阐释。任何一种文化的生成，都是社会政治、经济与人文等元素相结合的产物，阐明其形成时的社会基础，解读其内容、表达形式、精神实质与时代价值，能让人们真正体会文化的实质精神，而不是囫囵吞枣、过目而忘。另一方面，我国倡导"阐释者"需要由专业人员来承担。受个人教育水平、教育观念等因素的制约，人们对中华优秀传统文化精髓的理解点、理解程度都不尽相同，整体会存在一些差异性。以经典文化典籍为例，不同群体接触的可能性不同，人们对文字表述，尤其是文言文的表述理解程度不同，对其中蕴含的文化精神把握程度也不同。这就需要专业人员结合多样的弘扬载体，向人们阐释其中的奥义与智慧，直抵人心。例如，央视推出《平"语"近人——习近平总书记用典》系列节目，专业人员精准的阐释，真正实现让古籍里的文字"活"起来。近年来，多位文化专家带头引领，出版一系列能正确阐释中华民族文明史的读物，巩固中华文化基石。"中华经典资源库"更系统、更准确、更多彩地阐释了中华优秀传统文化精髓，现已包含诗文词曲、诸子百家、汉字与中华文化、少数民族文学文化经典四大板块，其中诗文词曲专栏涵盖先秦、秦汉、魏晋、唐代、宋代、元代、明清和近现代文学，以视频资源建设的方式定期聚焦中华优秀传统文化精髓，专业阐释以增强大众的传承意识，更多与此相关的数据平台正紧锣密鼓地构建。

3. 展示中华优秀传统文化精髓

中华优秀传统文化体现着中华民族世世代代在生产生活中形成的世界观、人生观、价值观，成为中华民族特有的文化基因，构建起中国人独特的精神世界，内化为中国人独特的行为习惯和思维方法。提升中华文化影响力，要向国际社会阐释中华文化的精神气质，如修身立命的价值理念，孝悌忠信、礼义廉耻的荣辱观念，修齐治平的理想抱负，"天下兴亡、匹夫有责"的担当意识，内省思齐的谦虚品格，虚怀择善的开放胸襟，众志成城的集体观念，等等。阐释这些中华文化中一脉相承、独树一帜的内容，有助于充分展示中华民族的文化精神，促进人类文明交流互鉴。

展示中华优秀传统文化的世界价值。中华优秀传统文化历经陶冶萃取，很多优秀内容不仅属于中国，也可以为世界所共享。举例来说，中华美食、中国医药、武术健身、针灸理疗等，能让各国人民身心获得滋养调理、感受愉悦；中国茶具、丝绸、服饰、瓷器、手工、家居等兼具形神之美的文化产品，能让各国人民得到便利、共享美好生活；中国的文学、书法、戏曲、舞蹈等饱含人文色彩的文艺作品，能够唤起各国人民情感共鸣。概言之，承载在中国器物、文艺、生活中的人文精神能够跨越国界、激发共鸣，获得各国人民的认同。中华优秀传统文化中那些跨越时空、超越国度、富有永恒魅力的精华，可以让国外民众在感知、审美、体悟中获得愉悦，进而使他们感受到中华优秀传统文化的独特魅力，增进对中华文化的认同。

中华优秀传统文化蕴涵着解决当前人类共同面临问题的重要启示，可以从宏阔的视野提炼其精髓，讲清楚我们倡导的共商共建共享的全球治理观，为全球治理贡献中国智慧。例如，倡导"和而不同""己所不欲、勿施于人"，助力消弭不同文明之间、人与人之间、个人与社会之间的分歧；倡导"协和万邦"，秉持正确义利观，为破解全球治理难题发出中国倡议；讲清楚中华文化"穷则独善其身，达则兼济天下"的情怀，讲清楚中国的发展给世界带来的是机遇而不是挑战；倡导"天人合一""民胞物与"等人与万物和谐共生的生态理念，为解决全球环境问题提供有益参考；等等。展示中国方案、中国倡议的文化内涵，可以为世界提供新的思考角度和行为方式，不断增强中华文化的感召力，增强国际社会对中国方案的认同。

（二）贯穿国民教育始终

1. 提高教师的中华优秀传统文化素养

提高教师的中华优秀传统文化素养教育，是国家弘扬中华优秀传统文化的重要途径。教育的宗旨，是培养全面发展的"人"。因而，教师中华优秀传统文化素养如何，是其学生认知与感悟程度的导向问题，关系到"人"的全面性，关系到教育事业和民族文化的发展。提高教师的中华优秀传统文化素养，让教师自觉成为一名"弘扬者"，是国家一项特殊的、需要长期坚持的系统性工作。

（1）师资建设方面，国家大规模推进中华优秀传统文化的教育培训和研讨工作。政府、各地教育局乃至学校大力支持和引导相关活动的开展，面向全体教师，定期举办文化研讨、聆听专家讲座、文化专题培训、文化宣传实践、文化教育经验推广、文化典籍鉴赏等活动来夯实教师中华优秀传统文化知识素养。通过设立中华优秀传统文化教育示范单位、评选先进个人等方式，综合考量文化特质与教师实际诉求，有效提升师资队伍水平，教师队伍思想素质越来越硬，从而达到在教师的示范和影响下，学生在言谈举止、思想意识等方面能够取得较大的进步。

（2）教师教学方面，除了需要掌握所授学科的专业知识，还要了解前沿动态，不断提高工作素养，更重要的是依靠自身努力，通过读好书来提升中华优秀传统文化素养，净化身心气质、提高品格修养，自觉增强文化施教能力。国家强调，要秉持"守正与创新"的教学理念来对待中华优秀传统文化，对中华优秀传统文化中的内容有专业视角的阐释与深刻理解，无论教授何种课程，都应深入理解教材，挖掘教材中蕴含的文化思想。利用现代教育资源，切不可生搬硬套"营销式"植入文化思想，要尊重学生主体，创设文化情境，锻炼学生的思考能力，激发想象力和灵感，使学生切实体悟其中的文化魅力。

（3）师德师风方面，教师的政治观念是否主流、意识形态是否巩固、内省自律是否规范是根本且关键的问题，依靠外在考核、督促和约束是远远不够的，自身要意识到教书育人的深刻含义才是首位。教师只有自觉将弘扬优秀传统文化作为自己的使命和追求，自查自纠，在言谈举止和待人接物中流露出"仁爱""诲人不倦"等文化思想熏陶，才能在授业解惑时不忘"传道"，这对学生的"身教"作用从一定意义上来说远大于"言传"。

2. 推动中华优秀传统文化"三进"工作

中华优秀传统文化是开展德育工作的基石，为立德树人提供丰厚的文化底蕴。国家不断推动中华优秀传统文化进教材、进课堂、进头脑。以"文"滋养学生，提升学生的思想水平和政治觉悟，丰富学生的精神世界，"三进"成为中国共产党弘扬中华优秀传统文化的"主渠道"。

（1）让中华优秀传统文化走进教材，做好相关教材编写工作。中华优秀传统文化有些是富有强烈的叙述色彩的，涉及图像、动画、文本和行为实践等；有些则是具有学术研究性的，其中不乏枯燥且晦涩的学术话语，这对所获知识、自身理解、喜好程度、艺术素养和审美能力等有不同程度的要求。因而，国家针对不同阶段、不同年级、不同年龄段的学生，以唯物史观的态度，摘取有意义的内容编进教材。小学中学是弘扬中华优秀传统文化的最佳时期，党中央组织专家编写能够通识推广的相关儿童读物、绘本、动画等，同时以中国历史文化为主题，将中华优秀传统文化元素编入语文、历史、道德与法制等课程教材，精选中华优秀传统文化中著名的古诗文、名言警句、儒家文化中的"礼"、花木兰、岳飞等历史人物的家国情怀融入教材中。张岱年教授主编的《中国文化概论》则是高校的重点教材，给予很多必修课文化助力。很多高校以此为主，再科学遴选相关内容丰富教材。在国家的支持和鼓励下，国家社科基金重大项目中与中华优秀传统文化相关的立项逐年增加，相关学科建设和科研项目的研究不断深化，相关知识的覆盖面不断扩大，以此助力高校文化人才培养，做到了"进教材"的实效性。

（2）让中华优秀传统文化走进课堂，加大相关课堂教学力度。国家鼓励各大中小学校立足实际，有机结合思政教育课堂，设立涵盖中华优秀传统文化的课程体系。创新现代化教学形式和模型，利用多媒体平台将中华优秀传统文化精髓结合时事热点以学生喜闻乐见的方式加以引导，贴合学生的认知规律和道德行为，有效"进课堂"。例如，音乐课堂中引导学生欣赏中国古代民族乐器、民歌；语文课堂中讲述中华五千年文化的广博与深厚、前辈伟人对国家民族自强做出的贡献；高校在文化类课堂中渗透文化精神；师范专业的课堂中增设经典国学文化选读等内容，使其进入教学岗位后能更好地实现中华优秀传统文化与各学科的有机融合；医药学类专业课堂增设华佗、李时珍等相关内容，从中医药典籍到诸子百家，相关典籍文献经久不衰，加大重视对中医的保护、传承与发展的同时，增强职业道德修养，使学生学习专业课程的过程中，能合情合理地汲取文化养分。

（3）让中华优秀传统文化走进头脑，让文化氤氲"入心""入脑"。"纸上得来终觉浅，绝知此事要躬行"。要想让优秀传统文化真正走进学生的头脑，就要让他们学有所用，躬身实践。践行传统文化从学生自身做起：如周末按时作息、独立完成作业、整理房间、自己洗衣服、拖地，让他们学会"修身"；为父母捶背、洗脚、帮父母做顿饭，开展"今天我当家"活动，学会"齐家"；励志修身，无不充满人文关怀，让学生的血脉中充满了爱家爱国情愫和敢于担当的责任感。久而久之，学生就会把这种智慧自然迁移到学校和社会生活中。搜集照片制成美轮美奂的"美篇"，让正能量得以传递，使优秀传统文化能够融入学生的日常生活和学习中；使学生们能更加坚定地走在弘扬传统文化的康庄大道上。老师的引导和点拨开阔了学生视野，培养了他们的"家国情怀"，使传统文化深深走进了学生的头脑。

一定要使教育者与受教育者领会优秀传统文化教育的意义。中国的悠久历史和传统文化中蕴含着丰富的思想精神，受教育者在接受优秀传统文化教育的同时，可以从中吸取营养和智慧，自觉弘扬和发展优秀传统文化。而教育者在优秀传统文化教育中要把握好方向，使受教育者向正确方向发展。

常言道，"人无德不立，国无德不兴"，优秀传统文化是育人的文化，而教育的根本任务就是立德树人、以文化人；也是对青少年进行养正、养志教育的文化，这既可以提升他们的道德情感，又可以使他们树立正确的人生观、价值观、世界观。从而更好地实现"中国梦"。

3. 将中华优秀传统文化融于国民教育始终

国家正确把握教育对象认知规律，依照教育教学的属性，秉持一体化、分学段、相互衔接、循序渐进的原则，在理论与实践教学中，推动中华优秀传统文化系统化普及，将其全方位融入国民教育的各阶段各环节各渠道，构建服务全民的终身学习体系，营造良好的文化教育环境，使之能与家庭教育、社会教育相同步，全方位的落实"立德树人"根本任务。小学阶段，从启蒙教育起步，通过设置带有体验式和生活方式的课程，建立学生对中华优秀传统文化的兴趣、渴望与亲切感。打好基础，提高学生认知能力。党中央注重抓细节、抓落实的开展德育教学，识汉字、知礼仪、诵古诗；加深对传统节日的印象；热爱祖国大好河山；通过文化动画视频、少年宫观话剧、国旗下宣讲等形式，了解爱国志士和英雄人物的事迹。培育学生尊老爱幼、感恩怀德、孝敬父母、尊敬师长、团结友爱、勤俭节约、懂礼节讲礼貌等。此外，提高学生辨是非、明善恶、懂良知的能力，树立人生理想和远大志向。初中阶段，党中央注重提高学生的素养认同与理解程度。通过基础书法授课，临摹名家书法，感受文字的"力量"；掌握中华诗词格律，体会为何"无韵不成诗，无律不成词"；读诵浅易文言文，知古义、学文气的同时，为日后读懂古典书籍打下基础；鉴赏古琴曲、二胡曲等传统音乐，弘扬民族音乐文化；鉴赏中国戏剧，结合自由结组、自行排练等实践教学，调动学生弘扬中华优秀传统文化的积极性；了解并尊重各民族传统习俗的文化内涵；知道党史、新中国史、改革开放史和社会主义发展史的基本线索，形成维护意识，培养学生更爱国、更爱党、更有民族自豪感。高中阶段，党中央注重学生养成辩证客观地看问题方法。强调以主体意识精读文化精品篇目和经典作品，合理地走出课本、走出校园，广泛地参与社会实践活动，博览和体验祖国各地各领域的风尚气息，能做到举一反三，感悟中华优秀传统文化与时俱进的时代特性，自觉从中汲取养分，修身立德。懂得人民群众是历史的创造者，学习领悟杰出人物身上的高尚品格，规范自身个性与言行，在自主发展的过程中，遇事能有豁达乐观、积极向上的良好心态，把国家前途命运与自身价值实现统一在一起，树立远大理想。

大学阶段，党中央注重培养学生自觉成为中华优秀传统文化的弘扬者，身负使命感与责任感。培养学生坚持马克思主义的立场、观点和方法，以"创造性转化、创新性发展"方针为指引，提升文化探究能力，具备推动文化创新发展的意识。

（三）融入生产生活

1. 将中华优秀传统文化融入企业生产

国家在弘扬中华优秀传统文化的过程中，将其融入企业生产经营是非常有效的途径，不仅对弘扬工作起到推波助澜的作用，也能深刻感受到中华优秀传统文化是如何提升企业单位的文化层次。

（1）企业家的品德修养是中华优秀传统文化能否有效融入企业单位的重要因素之一。国家多次谈及，企业家除了要有相关技术和理性知识作为支撑，更需要发自内心认可中华优秀传统文化，并汲取其中的精华来提升自身的品德修养。"开展社会主义核心价值观、形势政策、守法诚信教育，引导企业家爱国敬业、遵纪守法、创业创新、回报社会"。通过企业的层级逐层向下辐射带动，使之在员工中潜移默化地发挥企业家率先垂范作用。

（2）中华优秀传统文化贯穿于企业单位的文化建设中。"软管理"式的文化引领，可以为企业单位树立良好的品牌形象，进而提升企业单位的核心竞争力。在现代企业单位文化建设的实践中，一方面要吸收国内外企业单位文化的优秀部分；另一方面要有目的、有计划地将中华优秀传统文化与西方的科学管理相融合、相创新，找到二者契合点，如此才能铸就企业基业长青。例如，"各类企业都要把守法诚信作为安身立命之本"，贯穿企业发展；以中华优秀传统文化中"善""和""爱"的观念作为经营理念，这样既满足了企业单位文化建设的需要，又达到了将中华优秀传统文化融入企业的目的。

（3）定期对企业单位员工展开中华优秀传统文化的相关培训。目前，大部分的企业只有中高层员工才经常参加企业单位组织的中华优秀传统文化相关培训，基层员工很少有机会参加。国家依托主题教育模式，培训内容根据员工的职位层级加以区分，针对基层员工，加强基础文化内容的宣导与熏陶，以爱国、爱岗敬业、乐于奉献等精神文化提高员工的责任心与道德观念；针对管理层员工，主要培训中华优秀传统文化对企业管理的价值作用，提高管理者的整体素质、思想境界和管理水平。

2. 将中华优秀传统文化融入社区生活

在发扬中华优秀传统文化时，通过社区发展传承是一个非常常见且必要的手段，中华优秀传统文化走入社区，有利于社会主义现代化的发展。

（1）传统文化促进社区精神文明建设

中华优秀传统文化极大地丰富了人们的社区生活，在社区精神文明建设方面有着重要价值。

其一，有利于改善社区人文环境。社区的人文环境集中体现了社区居民共同的思想观念，是协调社区成员间关系的调节器。优秀传统文化在共同的生产生活中形成社区精神，在精神层面为社区居民进行指引，是精神文明建设的助推器。

其二，有利于培育社区公共精神。公共精神作为一种文化，且古来有之，只是说法的不同罢了。社区是一个开放的空间，中国传统文化提倡的团结友爱、友善待人、勤俭节约等思想有利于培养居民的公共责任精神和公共道德精神，提升社区居民的公共道德水准，培育社区公共精神。

其三，传统文化有利于居民素质的提高。中国传统文化提倡父慈子孝、夫义妇贤、兄友弟恭等思想，这些思想在客观上起到了协调各种人际关系的功能，也是当前社区共同体建设中尊老爱幼良好氛围的根源。传统"孝"文化让孩子由爱自己的父母延伸至爱社区内的人，让居民潜移默化把这种对亲人的爱转换为对他人的爱、对所属社区的爱、甚至是对社会和国家的爱，使得居民养成强烈的家庭责任感，有利于社区居民个人素养的提高。

（2）传统文化提升社区凝聚力和向心力

要提高社区居民对社区的凝聚力和向心力，就需要社区内部有着一定的纽带能够将社区与居民之间的共同利益紧密联系起来。中国传统文化具有向心力与黏合剂的作用，小到形成良好的道德素质，大到邻里互助，都需要塑造社区精神，增强社区凝聚力。传统文化强调"家国同构"，"爱国"就是"爱家"，"爱家"就是"爱国""爱国""爱家"是正当的行为和理念。社区作为社区居民共同生活的场所，社区发展得好坏和每一位居民的切身利益息息相关。因而，就要求社区居民都要关心、参与社区公共事务。而中华优秀传统文化中强调尊老爱幼、孝敬父母，礼貌待人等礼仪规范，有利于提高社区居民的自我教育、自我约束等能力，潜移默化地培育社区居民"宽容""诚信"。等理念，进一步增强社区居民的凝聚力。

（3）传统文化引领社区文化的建设

社区文化是以本社区居民为主的反映其生活方式、习俗以及价值观念等的一种群众性文化。当前，我国社区文化建设水平较低且面临的问题诸多。源远流长的优秀传统文化以其丰富的内涵扎根大地，推动社区文化繁荣发展。悠远浩博的优秀传统文化，有其漫长而曲折的发展历程。

优秀传统文化在社区建设方面具有重要作用，可以提高居民素养，二社区共同体需要优秀传统文化作为理论支撑。

（4）传统文化促进社区治理体系的构建

中华传统"以人为本""德法兼重"理念为社区法治建设奠定基础。全面推进国家治理体系与治理能力现代化自党的十八届三中全会提出至今，是理论界的重大课题。当前社区发展面临人际关系疏离、社区共同意识丧失等一系列的问题。"以人为本""德法兼重"思想作为中华优秀传统文化之一，在长期的历史进程中备受国家和人民的关注。我国法律的有效实施离不开传统道德的支撑，在坚持依法治国和以德治国相结合的基础上，就要重视发挥道德的教化作用。社区建设作为推进国家治理体系的基础性工作，在当前社区共同体建设进程中，"德法兼重"的思想一直是居民、社区基层组织、政府秉持的治理之道。但我国现阶段，社区治理中，市场和社会形成了依赖政府、服从政府的习惯。这种基于政府中心主义的社区管理忽视了居民及社会组织对公共事务的参与、监督，难以满足当前社区共同体发展的需要，传统"德法兼重"思想在充分发挥其最大价值的同时，有利于促进社区治理体系的构建。

3.将中华优秀传统文化融入广大乡村

如何提高农民群众的生活质量，满足农民群众对于美好生活的向往是乡村建设的重要问题。国家将中华优秀传统文化融入广大乡村，有利于全面提升农民群众的综合素质，这必然能够促进当前的农村工作更上一个新的台阶。

（1）国家引导广大农民群众参与本地优秀的传统特色文化活动，运用区域性的地理思维寓教于乐，改善广大农民群众精神面貌的同时，加深对中华优秀传统文化的理解与热爱。逐渐引导农民群众自觉意识到自己是本地特色乡土文化的挖掘者，并敢于创新，做好传播者，具有弘扬中华优秀传统文化的责任担当，充分调动广大农民群众弘扬中华优秀传统文化的积极性、主动性和创造性。

（2）国家注重将中华优秀传统文化有效融入乡村振兴公共文化服务体系中。各地因地制宜推动乡村中华优秀传统文化产业发展，完善乡村基层公共文化服务网络的建设，充分利用新媒体等宣传力量，根据具体的乡村实际和民俗风情，把中华优秀传统文化中像吃苦耐劳、淳朴善良、民族精神、孝道精神、法治精神等民众极易接受的优秀品质广泛弘扬，健全乡村公共文化服务设施，支持乡村文化活动的筹备和举办，扶持发展民风民俗和乡村记忆博物馆，推进有着历史文化底蕴的古镇、古村和有着特色民俗的村落的保护利用，构建积极健康的乡村文化价值体系。

（3）纵观历史，璀璨的中华优秀传统文化蕴含着很多来自于乡贤的贡献，在新时代仍然需要充分发挥德高望重的乡贤在乡村地区的影响力和榜样教育作用，党中央利用乡贤的典型事迹和道德素养来弘扬中华优秀传统文化，补足乡村传统文化的科学认知、道德风尚和价值判断，提升群众的民主与法治意识。新时代，乡村文化振兴是对中国传统乡土文化的继承与创新，汲取中华优秀传统文化，摒弃糟粕，引导建立具有乡土情怀的文化样态。

（四）保护传承文化遗产

1. 重视文化遗产的保护与开发利用

文化遗产是前人留下的宝贵文化资源，是中华优秀传统文化的有效载体，包括物质文化遗产和非物质文化遗产。国家强调，要科学对待文化遗产，以马克思主义唯物辩证法为根本方法，辩证处理好保护与开发利用的关系，将其妥善落实到各项具体实践当中。

（1）国家多次明确，必须辩证地处理文化遗产保护与开发利用的关系。如果片面强调对文化遗产的保护，仅是依靠政府支撑和社会情怀，排斥开发宣传，忽视其在新时代背景下传承发展的内在动力，将导致文化遗产失去价值；而盲目开发，忽视对古镇建筑、传统手艺、民俗、节日庆典、曲艺、礼仪、杂技、武术、庙会等文化遗产的有效保护，将导致文化遗产的特色失活。故而，党中央强调在保护为主、管理监督下合理开发，在"适度"原则下实现二者的可持续发展。

（2）在文化遗产的保护与开发利用中，必须抓住文化遗产特有的中华优秀传统文化内涵和元素，以长远眼光，从四个维度，即历史价值维度、科学价值维度、艺术价值维度、社会价值维度来对文化遗产进行综合评估，国家统筹协调政府、市场机制和当地人民群众的关系，依靠当地群众，探索文化遗产保护与开发利用的方式，从而将中华优秀传统文化发扬光大。以人为本，真正的让人民享有文化遗产，尊重当地人民群众的现实需求，考虑到给当地带来什么样的经济效益、给当地人民群众带来多大益处、是否满足当地人民群众的精神需求。

（3）立足于当地中国特色社会主义实践，激活文化遗产的卓越价值，以实践对历史文献、文物古迹进行"创造性转化、创新性发展"，这是最好的保护与开发利用模式。国家突破旧式固有的思维局限，大胆求索全国乃至国外的先进经验，在保留文化遗产核心价值和理念的基础上大胆创新，跨越式的融合传统韵味、时代气息和人文精神，展开"文创产品"的设计与开发，将文化遗产以全新的精神面貌呈现出来，赋予文化遗产新价值、新活力，拓宽文化遗产在新时代背景下的生存空间。

2. 创新文化遗产传承人培养模式

（1）加强政府统筹协调，校企联动合作共赢

在宏观层面，行政管理部门要做好职业教育"产教融合"的顶层设计，并认真贯彻、落实好培养非物质文化遗产传承人的有关制度和政策。培养文化遗产传承人和职业教育同步发展，构建职业教育和文化遗产统筹合一的新格局是文化传承与发展的前提条件。在此前提下，应推动职业院校创建传承人实习实训基地，构建校企合作、共建共管产业模式，发挥职业教育自身的办学特色，开展具有中国特色的现代学徒制，面向文化产业探索"金字塔式"学徒制。在职业院校建设文化遗产培训基地，既是文化遗产传承事业之所需，也是职教发展新突破之所需。总之，加强政府统筹规划，积极引导职业教育发挥专业优势，带动职业院校与文化产业开展有关领域的协作，共建技术技能创新平台，是实现校企合作、互利互惠的有效路径。

（2）创新多元办学模式，提高社会相关领域的参与度

要实现文化遗产传承人的职业化教育，就应强化传承人主体的多样性和广泛性。我国职业教育以适应岗位需求为导向，因此，依托职业教育创设遗产传承人培养的目标，就应重视课程设置科学化、教学模式多元化、教学内容合理化，建立专门的文化遗产研究机构或工作室。如在职业院校面向社会开设公共艺术课、建立民间艺术行业协会，为喜爱民间艺术的农民爱好者提供学习和实践的场所。还可以开发"校社合作"的人才培养模式，整合校内外的师资力量、设备设施，联合社会办学力量共同培养文化遗产传承人，吸纳个人、企业的力量对非物质文化的保护和传承进行对接帮扶，从而提升社会相关领域的参与度。

（3）建立城乡一体化的职教体系，使受教育主体多元化

实现以职业教育培养文化遗产传承人的目标需要有两大必要条件，一是师资队伍建设，二是创新培训组织形式。因此，构建城乡一体化的职教体系势在必行。第一，职业院校要建立名师艺术工作室，聘请民间艺术手艺人充当专兼职教师，建立专兼结合的教师资源库。第二，根据受教育主体不同选择教学方法，并且要定期与民间艺术手艺人共同研讨，进行实地演示和情景化教学。第三，要根据文化遗产的地域性，创新培训组织形式，在当地建立专业化、职业化的教学基地，探索田间课堂、校外网络教室，建立城乡、区域、校地之间人才培养合作与交流机制。第四，可以参考国外教育体系，例如，法国将学校教育与职业培训相结合，两者之间互通有无。任何一个受教育主体参与该体系学习，成绩合格都可以获得

职业技能证书和学历证书。因此，我国在构建城乡一体化的职教体系过程中，需建立职业技能培训与院校之间的行业联盟，加强农村职业培训机构、职业高中、职业院校之间的衔接。总之，建立城乡一体化的职教体系，符合国家的乡村振兴战略要求，还能优化农村产业结构，完善产业链条，培养乡村振兴人才，促进农民增收，而且受教育主体身临其境，更能体会到地域文化内涵。

3. 推进文化遗产生态文明建设

新时代，生态文明建设是保护传承文化遗产的重头戏，这与中华优秀传统文化中蕴含的大量生态知识密切相关。国家心系文化遗产生态文明建设，维护文化遗产生态环境，着眼"绿水青山就是金山银山"的可持续发展理念，不负青山则青山定不负人。

（1）推进政府考察引导、文化遗产为主体、科技投入、社会参与的全民生态文明建设。党和政府在调查文化遗产历史与现状的基础上，"量体裁衣"的制定规划方案，波动公共财政杠杆，对文化遗产管理的程序、保护资金、生态文明指标等都做出详尽的规定，启动现代化保护手段，建立生态环境监测机制，由专业人员定期做出有针对性的、实时的、多参数环境指标测评报告，为文化遗产的保护提供现代化数据参考，鼓励全社会自觉参与文化遗产生态文明建设，形成文化遗产保护的强大合力。

（2）文化遗产是中华优秀传统文化发展的基石，更是留给子孙后代宝贵的精神财富。针对这些珍贵的文化遗产，国家强调要立足长远加大保护力度，尤其是那些不可移动、不可再生、不可替代的珍贵文化遗产更需要花费精力去保护，因为任何损失都是无法逆转的。同时强调，将生态文明建设与文化遗产有机结合刻不容缓，培育文化遗产生态保护意识，提升文化遗产的物质景观空间，以生态文明提倡可持续的实现文化遗产最优化，不落一处的解决"破坏性建设"，稳中有进的通过基础设施建设来确保文化遗产的环境保护。

（3）厘清文化遗产与经济产出的内在关系，对于文化遗产传承基地的旅游产业，不能只顾着其经济的发展，过度商业化，而忽视文化遗产传承地的生态特色。即使是借助旅游等平台，文化遗产也应保留住其应有的历史传统和人文风貌。例如，浙江省开化县从2013年起全面推行河长制，落实推进钱江源国家公园体制试点区，在适宜时节采摘茶叶，高跷竹马技艺千年传承，特色民宿因"房"制宜，将"非遗"融合于优良的自然生态环境中，青山常在、绿水长流的同时，吸引众多游客，探索出了"生态文明＋共同富裕"的模式。

（五）滋养文艺创作

1. 加大政策扶持和资金支持

新时代，中华优秀传统文化的传播模式不断完善，获得了广阔的弘扬空间。但像传统戏剧、皮影戏、民乐、民歌、杂技等老一辈艺术形式，往往由于投入和回报不成正比，文艺工作者全凭一腔热爱在坚持，难以为继。针对这类文艺创作工作，尤其是针对这类从业者、传承者，国家加大相关政策扶持力度、保障资金支持，更好地让文艺创作蓬勃发展，相对滞后的现象得到了可喜的明显改观。

（1）从政策上加强对中华优秀传统文化相关文艺创作的扶持与正向引导。国家探索建立真正符合中华民族特点、具有中华文化特征的体制机制，"各级党委指导推动文联、作协深化改革、发展事业，加大政策支持和保障力度"，注重文艺行业创作的规范化发展，鼓励大力弘扬中华优秀传统文化，鼓励开展多样式的中华优秀传统文化经典创作展演活动、精品大赛，筛选出一批真正有代表性的佳作，真正打造具有中国特色的文艺精品。《文化部"十三五"时期艺术创作规划》《关于全国性文艺评奖制度改革的意见》《国有文艺院团社会效益评价考核试行办法》等文件，为新时代文艺创作工作指明了有益的、正确的创作方向。

（2）从资金上加大对中华优秀传统文化相关文艺创作的支持和扶持力度。尤其是老一辈传承的艺术形式经济效益普遍不佳，国家正加大专项资金支持和财政减免，提供给坚守在这些艺术形式创作的文艺工作者不竭的动力和信心。另外，规范合理、公平公正的文艺成果奖励机制是国家鼓励和引导文艺创作的重要抓手，降低中华优秀传统文化相关原创创作者的维权成本，保护创作者的版权权益不被侵犯，如此才能鼓励到更多人参与其中，支持文艺工作者围绕中华优秀传统文化提炼文化经典故事，打造一系列以中华优秀传统文化为内核的新型IP，结合书籍、动漫、话剧、音乐等多种形式，把中华优秀传统文化内化为文艺创作的生机与活力。

2. 提高文艺工作者的素养

（1）坚持马克思主义文艺观，培育文艺工作者高尚的职业理想

文艺属于上层建筑范畴，是一种特殊的意识形态，文艺工作者只有拥有正确的文艺观才能进行高雅的艺术创作，才能对文艺对象起到教育作用。社会主义国家的文艺工作者首先必须坚持马克思主义文艺观是一切革命者都应该学习的。

一是强化马克思主义在文艺工作中的指导地位。坚持马克思主义文艺观，引领文艺工作者树立高尚的职业理想，增强文艺作品的思想性。

二是运用中国化的马克思主义文艺观武装头脑。毛泽东、周恩来、邓小平等党的领导人多次论述过文艺工作者的思想素质问题，习近平同志在文艺工作座谈会上的讲话和在中国文联十大、作协九大开幕式上的讲话等更是为新时代文艺工作者的思想素质提出了明确要求，这些都是文艺工作者树立正确文艺观的指针。现阶段文艺工作者应深刻学习领会这些讲话精神，自觉用习近平新时代中国特色社会主义思想武装头脑，坚持解放思想、实事求是、与时俱进、求真务实，推动马克思主义文艺观中国化、大众化，用正确的文艺观赋予作品丰厚的思想内涵、鲜明的价值取向，真正弘扬社会生活中的各种真善美、贬斥假丑恶，让人们从更多充满正能量的作品中，理解中国精神、牢记中国价值、拥有中国力量。三是要积极应对西方非马克思主义文艺观和反马克思主义文艺观的挑战，净化文艺工作者的思想，避免不良文艺思想侵入，使中国特色社会主义的文艺事业健康发展。

（2）提高文艺工作者的政治素养，引导他们增强责任意识与使命担当

文艺工作者只有认识到自己育人的角色定位和历史使命，才能站稳政治立场，承担起思想政治教育的责任和使命。新时代下的文艺工作者进行文艺创作时，要始终坚持为人民服务、为社会主义服务的政治方向。首先，坚持社会主义方向。

文艺工作者应牢固树立政治意识，找准新时代文艺工作的方位、文艺政策的走向，明确自身的责任担当和历史使命，时刻以一个思想政治教育者的身份去创作和演绎文艺作品，坚守艺术信仰、增强自己的艺术定力，避免出现原则性、政治性的错误。其次，站稳人民立场。文艺工作者应坚持以人民为中心的创作导向，提高服务人民的本领，深入生活、扎根人民，真正建立与人民的深厚感情，创作与人民心意相通、求真向善的人心之作。最后，文艺工作者应具有敏锐的政治鉴别力和敏感度，有能力抵制消极思潮的负面影响。在错综复杂的文艺环境下，文艺工作者要始终保持清醒的头脑，用敏捷的政治嗅觉抵制文艺消极思潮的侵入。

（3）锤炼文艺工作者的道德品格，以高尚的人格涵养高雅的文艺

立业先立德，为艺先为人。繁荣文艺创作、推动文艺创新、实现文艺育人，必须有大批德艺双馨的文艺名家。只有提高文艺工作主体的道德素养，才能提升文艺作品的高雅度，实现文艺的思想政治教育的功能。文艺工作者通过各种形式的文艺作品对人们思想和行为产生潜移默化的影响，其工作形式和目的的特殊性以及文艺工作的高尚性决定文艺工作者必须具备高尚的人格和较高的道德素养，广大文艺工作者应自觉以社会主义核心价值观为指针，不断提升自身道德修养，自觉抵制拜金主义、享乐主义的腐朽思想。

一是文艺工作者自身应从中华民族优秀文化传统中汲取道德养分，注重个人

品德素养的培养，树立良好的社会形象；

二是各类文艺组织要加强对文艺工作者的思想道德教育和高尚人格的培养；

三是社会大众、舆论群体等其他社会群体要加强对文艺工作者的道德监督；

四是政府要制定出相关的道德标准，在文艺界加强对社会主义核心价值观的宣传和学习，提升文艺工作者的道德修养。

（4）提升文艺工作者的知识素养，厚实文艺创作的文化底蕴

文艺需要知识与文化的滋养，文艺工作需要一批具备较高知识素养的文艺工作者和深厚文化底蕴的文艺作品来支撑。党的十九大报告提出我国社会主要矛盾已经改变，人民日益增长的美好生活需要和不平衡不充分的发展之间的矛盾是我国现阶段的主要矛盾。

要解决人民日益增长的美好生活需要和不平衡不充分的发展之间的矛盾，需要打造文艺精品，满足人民群众对高层次精神文化的需求，为人们提供丰富的精神食粮，这就对文艺工作者的知识素质提出了新的要求。文艺工作者应该树立终身学习的观念。

首先，提高文学艺术素养。文艺功底是文艺工作者的看家本领，文艺工作者应从中国优秀传统文化、革命文化、社会主义先进文化中汲取精神养料，不断提升自己的文艺素养，为创作思想性艺术性观赏性相统一的高雅艺术作品奠定扎实的专业基础。

其次，掌握必要的思想政治教育和心理学知识。我国历来讲究"文以载道"，历史上不少名人既是思想家，又是文学艺术家，这就决定了他们隐形教育大师的历史地位。当前，文艺工作者要保持初心，就必须掌握必要的教育知识，思考文艺如何深入人们心底、实现育人功能，奋力讲好新时代下的中国故事，致力于打造体现时代特色、展现时代精神的优秀作品，承担起发展新时代下中国特色社会主义文艺的责任和使命，努力为新时代发展变革提供精神动力和智力支持。

文艺工作者只有不忘初心、牢记使命、勇于担当、砥砺前行，才能为人民群众提供更好的精神文化食粮，承担促进中国特色社会主义文艺繁荣发展的历史使命，担负促进新时代中国特色社会主义文化建设的责任。

3. 打造人民大众喜爱的传统文化作品

中国共产党历来重视文艺工作，"社会主义文艺，从本质上讲，就是人民的文艺"，这是对国家弘扬中华优秀传统文化"为谁"问题的回答。"一切优秀文艺创作都为了人民"。"人民"是最好的鉴赏者，只有人民认可的传统文化作品才是

符合社会历史发展的好作品。因此，国家旗帜鲜明地反复强调要牢记以人民为中心来打造作品，扎根"具体的人"这一现实对象主体及其现实生活，打造更多利于传播和弘扬的人民大众喜爱的传统文化节目。

近年来，《百家讲坛》《中国诗词大会》《经典人文地理》《博物奇妙夜》等优质文化节目，将中华优秀传统文化通过游戏、比赛、讲座、讲故事等形式普及，既满足人民日益增长的精神文化需求，也潜移默化地起到了对文艺对象传播再教育的价值作用，让每个人都成为弘扬中华优秀传统文化的传播主体。习近平指出，"如果'以洋为尊''以洋为美''唯洋是从'，把作品在国外获奖作为最高追求，跟在别人后面亦步亦趋、东施效颦，热衷于'去思想化''去价值化''去历史化''去中国化''去主流化'那一套，绝对是没有前途的"。中国经历了一百年的中国共产党领导的艰苦奋斗，中国传承着独特的民族传统和风俗文化，这些文化底蕴为文艺创作者提供了无穷的创意源泉。国家正本清源，守正创新，提倡多样化的以精品奉献人民。尊重和遵循文艺规律，创作凝结思想性、艺术性与观赏性于一体的精品文艺，弘扬主流意识形态来滋养人民大众，是新时代文艺创作的题中应有之义。例如，动画电影《大鱼海棠》以庄子《逍遥游》为故事主题，以中国情结来塑造电影中的人物性格，以中国特色风土建筑进行场景构图，搭配古典配乐元素来讴歌"自强不息"的仁义情怀和"天人合一"的社会认知，引发人们对善与恶的思考。国产科幻电影《流浪地球》，体现出的家国情怀、忧患意识、集体价值等细节都很好阐发了中华优秀传统文化，以中国文化的集体主义视角打破欧美个人英雄主义，得到了观众文化共鸣的同时，实现了社会效益与经济效益的双赢，对新时代文艺创作有着启示意义。

（六）推动中外文化交流互鉴

1. 增强中华优秀传统文化国际认同

要让中华优秀传统文化获得国际社会的认同，先要想好如何迈出国门，除了做好对走出去主体、内容、载体的研究，还得重视受众国历史、传统文化、文化价值观的研究。以"一带一路"沿线国家为例，这些国家可以划分为几种文化圈？各文化圈中代表性国家的文化表现形式是怎样的？要走出去的中华优秀传统文化和这些国家固有的本土文化有什么差异和相通之处？不应轻视对"受众国"的研究，应将其摆在"走出去"的前面加以衡量。当弘扬中华优秀传统文化中所蕴含的文化价值观与受众国家的文化价值观相近时，更容易引起受众国家人民的认可与共鸣。因此，国家注重理解传播对象的文化逻辑，深入研究不同文化圈所属文化的特质，选择对现代世界有影响的内容进行时代性再创造，寻找出与其他国家和民族相通的思想观念再表达，正确全面地向世界展示中国的价值观，树立良好的国际形象，避免因对中华优秀传统文化的一知半解而误解当代中国的价值观念，避免因缺乏了解导致触碰文化禁忌，使他国产生抵触心理。阐发中华优秀传统文化中蕴藏着的"自强不息"的创造精神、"贵中尚和"的和谐思想、"天人合一"的生态文明思想、"重德隆民"的人文思想、"知行合一"的务实精神等，这些思想和精神影响着中华民族的思维方式、生活方式，是中华民族独特的精神符号。国家以"和""大同""协和万邦""兼爱非攻"等思想反驳"冲突论"，倡建"人类命运共同体"，融入中国外交。文化的共通性很容易让不同文明产生共鸣，能够吸引每个热爱和平的国家和民族发自肺腑地理解并认同其价值所在，在全球性发展进程中尽自己的一份力，进而增强中华优秀传统文化的国际认同。此外，2019年8月，大型纪录片《莫高窟与吴哥窟的对话》在敦煌国际会展中心首映，这是敦煌莫高窟和柬埔寨吴哥窟两座世界文化高峰一次跨时空对话与碰撞的成功尝试。正如习近平引季羡林的名言："敦煌文化的灿烂，正是世界各族文化精粹的融合，也是中华文明几千年源远流长不断融会贯通的典范"。海外中国文化中心、孔子学院、文化节展、书展、电影节等各类活动的举办已成为弘扬工作的杰出成果，医药、民乐、武术、烹饪、戏曲等国粹文化艺术纷纷走出国门，为中国赢得更多理解支持和国际认同。

2. 摆正中华优秀传统文化传播心态

回顾我们民族文化的生长脉络，经历了自信、自卑再到如今重新建立起自信态度的过程。明中期以前，中国是经济大国同时也是文化大国，史书典籍、绘画艺术、诗词歌赋，不仅在中国文化史上写下了动人的诗篇，同时也在东亚文化圈乃至全球文化发展史上绘上了美妙绝伦的画作。可以说，在近代以前，中华民族对于自身文化是怀有足够的信念的。但是，自鸦片战争中国遭到西方列强的入侵后，西方文化的繁荣发展无疑给了当时人们以巨大打击，处于生死存亡中的人们开始怀疑自身的文化理念，并对其感到自卑，尤其是在"五四"新文化运动前后表现得愈加强烈。"五四"新文化运动作为一场社会启蒙运动，其拥抱"新"文化、批判"旧"文化的理念对于解放思想的积极意义必然无可厚非。但在另一方面，"五四"时期一些文化激进主义者所提出的以"打倒孔家店"为中心的"全盘反传统"的论断是将"传统"与"现代"对立起来，这完全否定了传统文化具有现代转化的能力，对于传统文化产生了巨大的伤害。虽然，今天中国已经不同往日，经济实力大幅跃升，但在文化方面，历史所遗留的文化自卑心态仍然存在，阻碍了中华传统文化的内在价值在当代的发挥。

中华优秀传统文化蕴含着丰富的、深邃的人文内涵、哲学精神、道德规范，对世界文明产生了深远的影响，具有不可磨灭的历史作用和时代价值，为此，我们要牢牢守护好文化的根脉，坚定不移地传承发展中华优秀传统文化。同时，中华优秀传统文化只有以开放的心态积极汲取人类优秀文明成果，主动参与到世界文化交流中去，取长补短，为文化发展注入新的血液，增强文化活力，坚定文化自信，获得进步和发展。习近平对传统文化如何融合吸收外来文化做出过许多科学的论断，指出人类文明应该是平等的、开放的，多样性与差异性才是人类文明的本质特征之一，人类文明兼收并蓄，世界才会姹紫嫣红。每个民族的文化都凝聚着其独特的智慧和贡献，都是人类的精神瑰宝，都值得尊重。

我们应正确对待、学习借鉴其他民族国家的优秀文化，加强文化交流，共同促进人类文明的不断进步，但这种借鉴和吸收绝不是推倒重来，而是应当建立在以坚持中华优秀传统文化、革命文化和社会主义先进文化为主体的基础之上。例如，习近平的"人类命运共同体"思想主张，既借鉴了马克思恩格斯和其他一些西方学者的共同体思想，但最根本的还是传承发展了中华优秀传统文化中的"仁爱""和合""大同"等，而把这种真正能够反映人类文明和世界前途的伟大倡议贯彻和落实与当今世界各国人民的思想和行动中去，则是中国共产党人的光荣历史使命和时代责任担当，当然也是中华民族贡献给世界的中国智慧和中国方案。

3. 创新中华优秀传统文化传播方式

如何讲好中国故事，解决好"失语就要挨骂"的问题？党中央强调，要精心突出主题、创新方式方法，要把"道"贯通于讲故事之中，以外国人民听得到、听得懂、听得进的方式想听爱听、听有所思、听有所得。习近平在英国讲中国传统民本和法治思想，引用了古籍文献中的经典话语，并以英国最早开始探索代议制为起点，谈及受访国的历史与文化，以巧妙的方式，让英国人民想听中华优秀传统文化故事，将"想讲的"与受众"想听的"相融通，是向世界弘扬中华优秀传统文化的典型案例。一方面，打造自己的话语叙事，把"故事"的内容建立在"中华优秀传统文化"的基础上，将中国精神、中国力量包含在其中。另一方面，各种精彩生动、精炼多样的故事载体，引起人们的兴趣。积极创新中华优秀传统文化国际传播的形式与方法，让中国故事可以更好地传播，世界人民能够更加了解中国。

除了通过在世界各国建立孔子学院、建设中国海外文化中心、多语种翻译中国传统典籍著作、常规化举办文化年和旅游年活动、开新闻发布会、中国留学生在他国弘扬中华优秀传统文化等方式，新媒体技术为传播中华优秀传统文化开辟了新路径。

国家借助互联网平台，线上方式与线下活动双管齐下，综合运用多方媒体资源展示中华优秀传统文化特色。

（1）强化图书馆数字化建设与网站建设，鼓励各类"云文化"活动，与当地媒体保持长期互动与友好合作。

就博物馆的"云展览"而言，其具有便捷、可互动、信息储量大等特点，让随时随地参观不再是一纸设想，真正的"活"起来、"动"起来。

（2）全球范围内都较为流行的抖音APP、YouTube上常态化发布有深度、有内涵的古风服饰、传统建筑、人文自然、民族工艺等中华优秀传统文化相关题材精品。

将游戏类、娱乐类APP的场景、人物、服饰等融入相关元素，提升文化品牌价值，让受众时刻感受到中华优秀传统文化的熏陶和影响。

（3）发挥影视剧的社会功能，融入中国的儒家思想、饮食、服饰、中医药文化等，让海外观众在不知不觉中感受到中华优秀传统文化。国际传播的方式还有很多，在党中央的支持和鼓励下，不断地创新传播形式可增强传播的有效程度和力度，提升国际社会对中华优秀传统文化的理解、尊重与认可。

参考文献

[1] 薛子燕. 新文化运动时期（1915-1924年）的价值观重建[D]. 武汉：武汉大学，2015.

[2] 宋钰，王东平. 中华优秀传统文化传承发展研究[J]. 合作经济与科技，2021（2）：40-41.

[3] 姚嫱，李晓玲，曲文强. 乡村振兴背景下农村优秀传统文化传承和发展的路径探析[J]. 现代农村科技，2020（8）：4-6.

[4] 邹婉芬. 开展社会教育促进文化传承——图书馆参与"中华优秀传统文化传承发展工程"的路径探讨[J]. 高校图书馆工作，2020，40（4）：87-90.

[5] 李淑敏. 中华优秀传统家训文化传承发展研究[D]. 长春：吉林大学，2020.

[6] 张奎. 中华优秀传统文化传承利用视角下短视频产业创新发展路径探析[J]. 出版发行研究，2020（5）：30-37.

[7] 唐善梅. 新时代背景下中华优秀传统文化传承发展研究[J]. 社科纵横，2020，35（2）：21-25.

[8] 杜帮云，彭翔. 社会主义核心价值观引领少数民族优秀传统文化传承发展[J]. 社会主义核心价值观研究，2019，5（4）：36-43.

[9] 吴百超. 浅谈传统文化在近代中国的演变历程[J]. 文化学刊，2019（7）：142-144.

[10] 邬志伟. 中华优秀传统文化传承与古典诗词吟诵——以珠海高校古典诗词吟诵现状与发展策略为例[J]. 中共珠海市委党校珠海市行政学院学报，2019（2）：73-80.

[11] 邹睿. 中华传统文化的反思与展望——浅析道家美学思想与现代审美的融合[J]. 中国民族博览，2020（14）：67-68.

[12] 刘晓蓉. 传统文化的宗教信仰与儒道佛[J]. 剑南文学（经典教苑），2012（9）：190-191.

[13] 陈晶莹. 习近平关于文化强国建设战略思想研究[D]. 杭州：浙江大学，

2018.

[14] 鞠忠美.中华传统文化创造性转化创新性发展实现机制研究[D].济南：山东大学，2018.

[15] 钱敏.20世纪初期陈独秀的思想转变[D].合肥：安徽大学，2010.

[16] 李乾夫，李鸿昌，杨更兴，等.中国传统文化概论[M].昆明：云南大学出版社，2018.

[17] 张立文.中国传统文化与人类命运共同体[M].北京：中国人民大学出版社，2018.

[18] 王易.传统文化与思想政治教育创新[M].北京：中国人民大学出版社，2018.

[19] 连海飞.新民主主义时期毛泽东文化思想研究[D].保定：河北大学，2010.

[20] 王新刚.中华优秀传统文化"传承发展体系"建设初探[J].思想理论教育导刊，2017（12）：85-89.

[21] 张永奇.中华优秀传统文化传承发展机制的构建：价值、内容与策略[J].马克思主义研究，2017（12）：80-87+158.

[22] 王杰.传统文化中的主体价值及其现代转换[J].中共中央党校学报，2006（3）：91-96.

[23] 赵锦荣.对中国传统文化和合性的反思（之一）[J].新疆师范大学学报（哲学社会科学版），2004（1）：105-108.

[24] 左玉河.30年来的中国近代思想文化史研究[J].安徽史学，2009（1）：112-124；59.

[25] 熊吕茂，建红英.近代中西文化冲突与融合研究述评[J].湖南城市学院学报，2006（2）：16-19.

[26] 孙成武.中国共产党与20世纪中国文化的变革[D].长春：东北师范大学，2003.

[27] 张训涛.中国传统文化中意境的哲学审视[J].广州大学学报（社会科学版），2002（9）：28-30；48.

[28] 邓斌.中华优秀传统文化与社会主义核心价值观建设[D].长春：东北师范大学，2016.

[29] 向怀林.中国传统文化要述[M].重庆：重庆大学出版社，2016.